Kriegserlebnisse an der Ostfront

Das Tagebuch
von
Wilhelm Schweizer
01.06.1941 – 05.02.1942

Herausgegeben
von Horst Welsch

Impressum
Copyright 2019 Horst Welsch
H.Welsch-HWU@t-online.de

Alle Rechte der Verarbeitung in deutscher
Sprache, auch Film, Funk, Fernsehen, fotomechanische
Wiedergabe, Tonträger jeder Art, auszugsweise Nachdruck
oder Einspeicherung und Rückgewinnung in
Datenverarbeitungsanlagen aller Art sind vorbehalten.

Design Umschlag und Gestaltung des Buches
Richard Böhmer
Digitalisierung der Fotos
Franz Wurzel
Herausgeber 2019 Horst Welsch

Herstellung und Verlag BoD - Books on Demand, Norderstedt
ISBN: 9783749480067

„Die Menschheit muss dem Krieg ein Ende setzen,
oder der Krieg setzt der Menschheit ein Ende."

John F. Kennedy

Vorwort:

Wilhelm Schweizer wurde am 10. September 1918 als 5tes Kind von Katharina und Karl Schweizer in Filderstadt-Harthausen geboren. Er erlernte den Beruf eines Schriftsetzers. Eines seiner Hobbies war fotografieren. Ab 28. August 1939 war er im Arbeitsdienst im Operationsgebiet Ausbau West eingesetzt. Sein aktiver Wehrdienst begann am 6. März 1940.

Vereidigung vor der Barabarakirche in Kuttenberg

Ab Mitte 1940 dann beim Stab/Nachrichtenzentrale (NZ) als Funker eingesetzt an der Ostfront. Laut seinem Wehrpass ausgezeichnet mit dem EK II (Eisernes Kreuz II Klasse), der Ostmedaille, am 31.03.1942 zum Obergefreiten und am 1. Juni1943 zum Unteroffizier befördert. Nach dem Eintrag meiner Großmutter in ihrer Bibel ist Wilhelm am 23. Juli 1943 auf dem Rückmarsch bei OREL gefallen.

In dem Gebiet um OREL hat vom 4. - 13. Juli 1943 die entscheidende Panzerschlacht des Russlandfeldzuges stattgefunden. Zeitweise waren allein auf deutscher Seite bis zu 1000 Panzer im Einsatz. Dennoch gelang der geplante Durchbruch Richtung Kursk nicht. Der Vormarsch der deutschen Armee wurde durch heftige Gegenangriffe der roten Armee zum Stillstand gebracht, die deutschen Truppen in die Defensive gedrängt und im weiteren Verlauf von den zahlenmäßig stärkeren Truppen der roten Armee zum Rückzug gezwungen. Wilhelms Kriegskamerad Wellhöfer hat bei einem Heimaturlaub davon berichtet und dass ein Volltreffer auf den Unterstand, in dem Wilhelm sich aufgehalten hat, seinem Leben ein Ende gesetzt hat.

Der bereits geplante Hochzeitsurlaub nahm so ein tragisches Ende. Wilhelm kam nicht, wie erwartet, mit dem Soldatenzug in Heilbronn an und seine beiden Schwestern Anna und Hilde, die ihn abholen wollten, mussten unverrichteter Dinge nach Hause zurückkehren. Wenige Tage später wurde es dann zur traurigen Gewissheit, dass Wilhelm gefallen war, als die offizielle Todesnachricht zuhause eintraf. Dies war für die Eltern Katharina und Karl Schweizer bereits der zweite schmerzhafte Verlust, der zweite Sohn den sie, wie es damals hieß, im „Kampf für Volk und Vaterland" verloren hatten. Wilhelms Bruder Hermann war bereits am 10. Dezember 1942 gefallen und auf dem Heldenfriedhof in RYTSCHOV beigesetzt.

Wilhelm mit seiner Braut

Wilhelm Schweizer

Wilhelms Braut, Paula Buck aus Mönchberg, traf die Todesnachricht zutiefst ins Herz. Sie hatte sich so darauf gefreut, mit ihrem Wilhelm Hochzeit zu feiern. Alles war vorbereitet. Die Wohnung eingerichtet. Das Brautkleid genäht. Diese schreckliche Nachricht, der Verlust, der Tod ihres geliebten Wilhelm hat das Leben dieser fröhlichen, blühenden jungen Frau so verändert, dass sie über Nacht graue Haare bekam. Auch später hat sie nie mehr geheiratet. Als sie viele Jahre nach diesem tragischen Erleben einmal gefragt wurde, wieso sie nicht mehr geheiratet habe, antwortete sie - und diese Worte sind mir bis heute in Erinnerung - „Möglichkeiten gab es schon, aber es war kein Wilhelm dabei!"

Dieses Tagebuch ist als ein Zeitzeugnis eines jungen Soldaten zu sehen, der, in Erfüllung seiner Pflicht für das Vaterland, uns teilhaben lässt an seinem Erleben. Wir werden mit hineingenommen, wie die deutsche Wehrmacht in die grenzenlosen Weiten Russlands vorstößt und dort nicht nur mit dem militärischen Gegner, sondern auch mit äußerst widrigen Wettersituationen (Schlamm, Kälte, Schnee,usw.) zu kämpfen hat.

Man spürt dem Tagebuch an, dass die anfängliche Begeisterung und die Freude über den zunächst erfolgreichen Kriegsverlauf bereits wenige Monate später einer Ernüchterung Platz macht, als für die jungen Soldaten das wahre Gesicht des Krieges mehr und mehr zum Vorschein kommt und sie wohl ahnen, es aber nicht sagen können, dass der große „Führer" die deutsche Wehrmacht für seine wahnwitzigen Eroberungspläne missbraucht und damit entsetzliches Leid über die Menschen in Deutschland, Europa und der ganzen Welt hereinbricht.

Möchte dieses Vorwort nicht abschließen ohne Dank zu sagen an meine Mutter Anna Welsch, geb. Schweizer, meinen Onkel Alfred Schweizer und meine Patentante Hilde Schweizer, die das in Sütterlinschrift geschriebene Tagebuch handschriftlich, in lateinische Schreibweise übertragen haben.

24. August 2019   Horst Welsch

Das Kriegstagebuch von Wilhelm Schweizer

01. Juni 1941

Pfingsten 1941. Schon um 7 Uhr ruft der U. v. D. (Unteroffizier vom Dienst) mit lautem Organ: Aufstehen! Das ist uns am heiligen Pfingstfeiertag doch etwas zu früh. Aber es hilft nichts, denn Langschläfer müssen die Unteroffizierstube sauber machen. Also raus, gewaschen und Kaffee getrunken. Um 8 Uhr erinnert uns der U. v. D., daß wir unsere Waffen reinigen sollen. Das gefällt uns auch nicht so ganz - aber Befehl ist Befehl. Zwei Stunden lang Waffen reinigen am schönen Pfingstmorgen !

Der restliche Morgen wird dann noch ausgefüllt mit Briefe schreiben. Der Koch hat sich für diesen Tag ganz besonders angestrengt: Es gibt einen richtigen Festtagsbraten, dazu Kartoffeln, grüne Bohnen, grünen Salat und zum Nachtisch noch Pudding mit Himbeersoße – oh, wie das schmeckt.

Pfingsten 1941 muß ich also in einem kleinen Dorf in Polen, in KSIAZ WIELKI verbringen. Aber in zwei Jahren fern von der Heimat habe ich gelernt, schöne Sonn- und Feiertage alleine oder mit den Kameraden zu feiern. Zu zweit gehen wir hinaus auf einen Hügel, wo kein Mensch hinkommt, ziehen unsere dicken Soldatenkleider aus und lassen uns von der warmen Frühlingssonne bräunen. Oh wie schön ist es doch, so ganz abseits mit sich selber allein zu sein. Da denke ich an mein liebes Mädel in der Heimat, an die Pfingsttage 1939 und 1940, an mein liebes Mütterlein, das sich so viel Sorgen macht um uns, an meinen Vater, an meine beiden kleineren Geschwister und an meine Brüder, die auch irgendwo in der Welt draußen stehen und Pfingsten genau so feiern wie ich. Nach einigen Stunden Sonnenbad brachen wir auf, gehen noch zum Teich und plätschern im köstlichen Nass. Bald darauf geht es heim, denn um 19 Uhr steigt ein Fußballspiel Stab NZ (Nachrichten-Zentrale) gegen die 2. Kompanie. Also wir stärken uns und hinauf geht's in den Schloßgarten von KIAZ WIELKI, wo wir die tapfere Mannschaft vom Stab NZ anfeuern. Aber auch die andere Mannschaft hält sich tapfer und nach hartem Kampf gewinnt schließlich die 2. Kompanie mit 2 : 3 ! Abends gibt's natürlich Bier. Unsere Stube wurde manchmal zu einer kleinen Wirtschaft. Auch nach diesem heißen Tag ist viel Betrieb. So gegen 23.30 Uhr, als das Faß leer war, geht's ins Bett.

02. Juni 1941

Am Pfingstmontag geht's wieder um 7 Uhr aus den Federn. Um 8 Uhr müssen wir draußen auf dem Flur unsere Waffen zur Durchsicht auflegen. Und dann geht's aber gleich hinaus an den Teich. Ein Bad wird genommen, dann in die Sonne gelegt. Schließlich treibt mich der Hunger heim. Und auch heute hat sich der Koch angestrengt, es gibt Rhabarber. Wie gut das ist! Wie selten kommt uns Soldaten ein solcher Leckerbissen zugute. Nach dem Essen geht es wieder hinaus an´s Wasser, denn wer weiß wie lange wir so was noch haben. Erst als es kühl wird ziehen wir uns an und gehen nach Hause. Nun sind die Pfingstfeiertage vorbei und sie waren sehr schön.

03. Juni 1941

Es ist verlautet, daß unsere Tage in KSIAZ WIELKI gezählt sind. Dienstplan für heute: Fertigmachen der Fahrzeuge. Ich mache in dem Kleinfunkwagen dem ich zugeteilt bin, was da zu tun ist. Um 16 Uhr ist „Offiziersuntericht" angesetzt.

Leutnant Liebtrau erklärt uns, um was es in der kommenden Zeit geht. Rußland wolle, wenn Deutschland im Kampf mit England gebunden ist, uns überfallen und auf diese Weise den Bolschewismus in Europa verbreiten und deshalb wird die kampferprobte Wehrmacht ihre siegreiche Fahnen in den Osten tragen. Wir selber glaubten bisher immer, daß wir in den Irak marschieren würden, um dort den Engländern entgegenzutreten. Aber nun wissen wir worum es geht und wofür wir marschieren werden.

04. Juni 1941

Das ist ein harter Tag der uns viel Schweiß kostet. Alles wird verladen, das Revier wird sauber gemacht. Bis 20 Uhr hatten wir zu tun und dann gingen wir vier - Erwin, Herbert, Fritz und ich - noch mal an den Teich, plätscherten zum letzten Mal in diesem Teich und kühlten uns ab von dem Schweiß des Tages. Auf dem Rückweg gingen wir nochmals durch die Dorfstraße, dann legten wir uns schlafen in der Dorfschule von KSIAZ WIELKI.

05. Juni 1941

Wecken um 3.30 Uhr ! Das restliche Gepäck wird verladen. Um 04.15 fährt der Stab-NZ los und sammelt sich auf der Straße KRAKAU - KIELCE. Hinter uns fahren die drei Kompanien auf. Um 5 Uhr fahren wir weiter, zunächst auf einer schönen Teerstrasse in Richtung WODISLAW - KENSCHIAOW - JASIONE, dann aber geht es auf furchtbaren Staubstrassen weiter nach KNIE - SCHMIELNEK - SZYDLOW - IWANESKA - OPATOR - OVICJALOW.

Ich glaube, wir sahen nach dieser Fahrt eher wie Müller aus und nicht wie Soldaten. In einem schönen Gutshof unter blühenden Kastanienbäumen stellten wir unsere Fahrzeuge unter. Nachdem wir unser Mittagessen zu uns genommen hatten, gingen wir an ein kleines Bächlein, das im Tal von ORICJALON dahinfloß, um uns wieder zu waschen. Hier durch diese Gegend zieht sich das LISSAYORA Gebirge, das eigentlich nur ein Hügelland ist. Am Abend bauen wir uns ein Zelt, in dem sich's recht gut schläft.

06. Juni 1941

Der Vormittag geht mit verschiedenen Arbeiten in der Küche herum, mit Holz sägen und spalten. Am Nachmittag haben wir frei und wir gehen wieder an das Bächlein im stillen Tal. Am Abend singen wir unter blühenden Kastanienbäumen - inmitten unseres Feldquartieres - Lieder von der Heimat, von der Jugend, vom Wandern, usw. Nach diesem schönen Abend legen wir uns wieder in unser Zelt und schlafen ganz schnell ein.

07. Juni 1941

Um 3 Uhr stehen wir auf. Es ist gut, daß es geregnet hat, denn heute geht es wieder auf Fahrt und da haben wir wenigsten Ruhe vor dem schlimmen Staub. Um 4 Uhr fahren wir los und zwar von OVICJALOW über OPATOV. Aber unterwegs setzt plötzlich unser Motor aus und unser Wagen fährt scharf rechts ran. Der Unteroffizier hängt die Ausfallflagge heraus. „August was ist los" - das war meine erste Frage an unseren Fahrer.

Die Benzinpumpe arbeitet nicht mehr, die Membrane ist kaputt. Sofort geht es an die Arbeit. Das defekte Teil wird herausgenommen und schon kommt, nachdem die Kompanien vorbeigefahren sind, die vielgerühmte I-Staffel (Instandsetzungs-Staffel). Das defekte Teil wird ersetzt und weiter geht die Fahrt nach STODILO - OZAROW und über die WEICHSEL nach ANNAPOL - GOSCIE- RADOW - ORPECIN - KRSNNIK - BÜDCYN.

Die letzte Etappe war eine ganz furchtbare Straße und wenn wir uns nicht festgehalten hätten, dann wäre wohl keiner mehr auf dem Wagen gewesen. Alles was nicht niet- und nagelfest war flog weg. Um 20 Uhr waren wir an Ort und Stelle. Ich vertrieb mir die Zeit mit Schreiben und Radiohören am T - Empfänger. Am Abend legten wir uns zu dritt schlafen auf dem Wagen. Als wir so gerade am Einschlafen waren, da machte sich August, unser Fahrer, einen Spaß mit uns. Er fuhr mit uns durch's Gelände und schleppte irgend ein Fahrzeug an, das im Dreck steckengeblieben war.

08. Juni 1941

Wecken um 5 Uhr ! Auf schöner Straße geht´s um 6 Uhr auf Fahrt von BUCYN über KRASNIK - WILKOLAT - DUCA - LUBLIN nach RUDNIK. Um 9 Uhr erreichten wir unseren Bestimmungsort. Hier liegen wir wiederum auf einem Gutshof. Es wäre hier schön, wenn.... ja, wenn nicht die bösen Schnaken hier wären, die immer danach trachten, uns zu stechen, wo sie nur können. Am Nachmittag wird uns erlaubt bis 20 Uhr in die Stadt zu gehen. Da waren wir natürlich alle dabei. Als erstes suchten wir uns ein wenig zu erfrischen. Zum ersten Mal in diesem Jahr gab es Eis, im Hotel Europa in LUBLIN. Das war doch wieder Mal was anderes! Dann sahen wir uns die Großstadt, ohne Straßenbahn, etwas genauer an. Man findet viele große und neue Bauten und es könnte vom Aussehen her eine deutsche Stadt sein. Anders sieht es allerdings im Ghetto aus. Es ist das ältere Stadtviertel. Zu Hunderten und aber Hunderten prominieren hier die jüdischen Einwohner, denn sie dürfen nicht in die eigentliche Stadt. Im Kampf um die Kathedrale wurde hier ein Teil der Stadt zerstört.

Das, was wir Soldaten hier im Osten sehen, das kann sich kein Mensch vorstellen. Der größte Aufmarsch der Wehrmacht vollzieht sich in diesen Tagen hier im Osten. Tag für Tag rollen auf den Vormarschstrassen, die für jeden anderen Verkehr gesperrt sind, Kolonnen der motorisierten Truppen heran. Panzer, schwere Artillerie, Panzerjäger, Nachrichtenabteilungen, Bodenpersonal der Luftwaffe, usw. In der Nacht macht sich die Infanterie und die bespannten Truppen auf den Marsch. Kilometerweit sind in den Wäldern die Benzinfässer aufgestapelt. Überall wo wir fahren, sehen wir Soldaten am Waldrand, auf Gutshöfen, usw. Überall stehen Zelte und Millionen von Soldaten erleben diese Zeit genau so wie ich.

09. Juni 1941

Wecken um 7 Uhr. Um 8 Uhr treten wir an zum Kartoffelschälen. Der Nachmittag ist frei - ich schreibe Briefe, höre Radio, usw. Sonst gibt es im Osten nichts Neues.

10. Juni 1941

Um 3.54 Uhr werde ich in meinem Zelt geweckt. Ich muß von 4 - 7 Uhr Wache schieben. Es ist schon Tag draußen, ein herrlicher Sommermorgen. Die Nachtigallen schlagen, die ganze Vogelwelt scheint auf diesem Fleck vertreten zu sein, um mich mit ihrem Gesang zu erfreuen. Schneller als ich glaube gehen diese drei Stunden herum. Am Vormittag werde ich eingeteilt zum Arbeitsdienst in der Küche (Kartoffelschälen, Holzhacken, usw.). Nach dem Antreten um 14 Uhr gehe ich mit zwei Kameraden auf eine Wiese hinaus, wo wir in der warmen Sonne liegen. Dort haben wir wenigstens vor den verdammten Schnaken Ruhe. Der Abend geht mit allerlei Zeitvertreib herum, z. B. Fussballspielen. Dieser Tag hat uns also dem auf uns wartenden Geschehen näher gebracht.

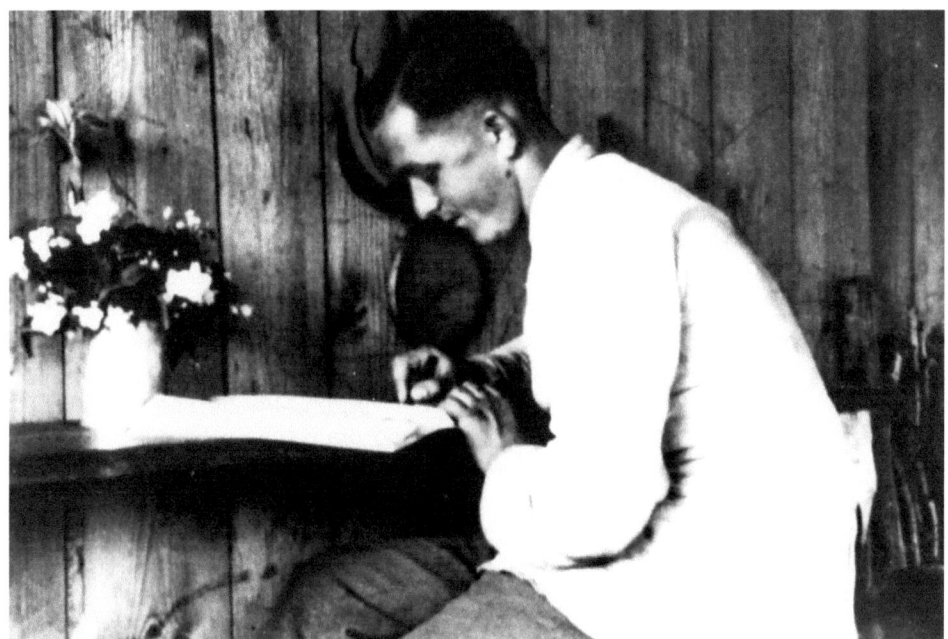

Wilhelm beim Briefe schreiben

11. Juni 1941

In der Nacht bin ich verschiedene Mal aufgewacht. Leiser Regen klopfte auf das Zeltdach. Um 7 Uhr wurden wir geweckt, um 8.30 Uhr begann der Dienst. Arbeitsdienst in der Küche. Es gibt heute was ganz Gutes: Gemüse (Erbsen, gelbe Rüben und Spargel) Kartoffeln, Rauchfleisch und grünen Salat. Am Nachmittag gehe ich mit Fritz auf die Wassersuche - und siehe, da ganz versteckt finden wir einen kleinen Teich. Es ist eine Wohltat, daß wir uns mal wieder richtig waschen können.

Inzwischen hat sich herumgesprochen, daß wir morgen wieder weiterwandern werden. Die zweitletzte Etappe vor der russischen Grenze. Wie lange wird es noch dauern bis der Krieg zwischen den Großmächten ausbricht, der Kampf zwischen dem nationalsozialistischen Deutschland und dem bolschewistischen Rußland ???

12. Juni 1941

Um 05 Uhr ist Wecken. Der Lagerplatz wird gesäubert und um 7 Uhr brechen wir dann auf. Da es in der Nacht stark geregnet hat, ist der Feldweg, den wir bis LUBLIN befahren müssen, sehr aufgeweicht und es ist manchmal schwer durchzukommen. Inzwischen hat sich unsere Fahrstrecke geändert. Wir fahren beide Etappen auf einmal. Es geht also gleich bis zur Grenze. Um 10.30 Uhr geht unsere Fahrt weiter in Richtung LUBLIN - PIASKI - CHELM - REJOWIEC - HRUBISZON - MODRYNIZ - MIRCE - LASKOW. Um 18.00 Uhr kommen wir in LASKOW an.

Dort blühen die Geschäfte zwischen Soldaten und Zivilisten. Eine Zigarre - ein Ei, zwei Zigaretten - ein Ei oder ein Päckchen Tabak 10 Eier. Die Leute hier sind zu uns eigentlich recht freundlich. Außer einer jüdischen und zwei polnischen Familien sind hier alles Ukrainer. Eine Frau bringt uns sogar ein großes Stück Weißbrot an den Wagen. Im allgemeinen beherrschen fast alle Einwohner, manchmal auch nur wenig, deutsch. Und so erzählen sie uns, daß am letzten Sonntag bis 24 Uhr deutsche Soldaten mit ukrainischen Mädchen auf dem Dorfplatz getanzt hätten. Im deutsch/polnischen Krieg sollen die Russen hier gewesen sein und die Kirche niedergebrannt haben.   Hier sind es nur noch 5 km zur Grenze - zum BUG. Und das Baubattalion ist schon fest beschäftigt mit Straßenbau und den Vorbereitungen zum Brückenbau. In der Nacht schlafen wir in einer Scheune im Stroh.

15. Juni 1941

Die letzten Tage sind vergangen mit Arbeitsdienst und auch mit zeitweiligem Nichtstun. Am Sonntag ist sehr schönes Wetter und wir gehen spazieren und legen uns in die Sonne. Abends machen ein paar Kameraden auf dem Dorfplatz Musik und jung und alt kommt herbei und die Mädels in ihren hübschen Trachten tanzen mit den Soldaten.

19. Juni 1941

Die Tage vergehen ruhig und mit wenig Arbeit. In dieser Landschaft liegt tiefer Frieden. Nur in der Nacht marschieren endlose Kolonnen auf der Vormarschstraße nach vorn. Am Abend des 19. Juni muss der gesamte Stab-NZ antreten.

Leutnant Liebtrau gibt den Abmarschbefehl von der Bereitstellung in die Ausgangsstellung bekannt. Wir unterstehen dem 29. AK (Armee Korps), dem die erste Panzerdivision unter Führung von Generaloberst Kleist zugeteilt ist. Angriff und Vormarsch über den BUG am Sonntag.

20. Juni 1941

Am Vormittag Antreten des Stab-NZ. Anschließend werden Funk- und Schlüsselunterlagen ausgegeben. Am Nachmittag werde ich mit einigen Kameraden als Einweiser in die Bereitstellung eingeteilt. Abends stehen wir hier und blicken in die noch so friedliche Landschaft. Ein paar hundert Meter weiter unten im Tal fließt der BUG dahin. Drüben auf der anderen Seite des BUG steigt die russische Landschaft wieder leicht an. Überall stehen vereinzelt Bauernhöfe, dieselbe Bauart wie seither: Stroh und Holz.

Und nun warten wir auf unsere Abteilung. Gegen Mitternacht treffen die motorisierten Kolonnen, ohne Licht langsam fahrend in ihre Stellung ein. Nachdem wir unser Fahrzeug an einer Hauswand stehend gut getarnt haben, schlafen wir alle auf unserem Wagen.

21. Juni 1941

Spät wachen wir auf an diesem Tag. Heute ist Sommeranfang. Am Vormittag liegen wir in der Sonne. Nachmittags bauen wir eine kleine Brücke über einen Bach. Am Abend ist Antreten für alle. In einer Scheune versammelt sich der Stab-NZ. Leutnant Liebtrau gibt den Aufruf des Führers: „An die Soldaten der Ostfront" bekannt. Von Finnland bis hinunter ans Schwarze Meer geht die Front. **Der größte Aufmarsch aller Zeiten hat sich hier im Osten vollzogen**. Um 3.15 Uhr morgen früh ist der Angriff geplant! Der Kommandeur des AK Obstfelder und der Kommandeur der ersten Panzergruppe erlassen ebenfalls Befehle an ihre Soldaten.

Die Grenzbewohner werden langsam von Angst befallen. Sie graben sich Löcher auf den Äckern und verstauen dort ihre armselige Habe, denn sie merken was hier vorgeht. Nun sind die Stunden, die uns vor das große Geschehen stellen, ganz nahe. Mancher unter der kleinen Gemeinschaft des Stabes-NZ wird vielleicht morgen nicht mehr sein. Er wird sein Leben für das größere Reich gegeben haben. Und ihr in der Heimat ahnt vielleicht bis jetzt noch nichts von dem, was morgen hier sein wird. Wenn dann morgen Sondermeldung um Sondermeldung durch den Äther klingt, auch dann wisst ihr noch nicht, daß ich mit vorne bin und meine Pflicht als Soldat des großen Reiches, auf dem Platz, auf den ich gestellt bin, erfüllen werde.

22. Juni 1941

Es ist 3.15 Uhr ! Genau auf die Minute krachen an der ganzen Front die Kanonen. Die Sprache der Waffen hat den Frieden abgelöst.

Wir vom Stab-NZ gehen um 8.30 Uhr über den BUG. Der Vormarsch geht weit nach Rußland hinein. Hie und da sieht man die ersten Gefangenen. Auch brennende Dörfer und Tote. Heckenschützen machen sich bemerkbar. Am Abend machen Leutnant Liebtrau mit 7 Mann einen Erkundungsgang um festzustellen, ob das Gelände feindfrei ist. Es war 22 Uhr, ich hatte mich bereits zum Schlafen auf die Erde gelegt, da heißt es: „Panzerwarnung"! Panzerangriff bei Nacht! Mit Handgranate und Gewehr liegen wir in der vordersten Linie der Infanterie und der PAK (Panzerabwehrkanonen). Einige Mal werden wir von der eigenen leichten Ari (Artillerie) beschossen, die das Feuer dann vorverlegt. Etwas später kam dann der Befehl, dass man schlafen kann. Eine Wache wurde bestimmt. Ich bin auch mit dabei. Zwar bin ich zum Umfallen müde, denn schon in der 3ten Nacht ist nun der Schlaf unterbrochen worden. Auch die Fahrt auf den schlecht gefederten Wagen, auf denen schuhhoch der Staub liegt, hat müde gemacht.

23. Juni 1941

Im Morgengrauen werde ich nach einer Stunde Schlaf von den über uns hinwegfliegenden Ari-Geschossen geweckt. Da pfeift es nur so. Der Vormittag ist sehr interessant. Zwei Jagdmaschinen MR 109 schießen in fünf Minuten drei russische Bomber in Brand. Das wiederholte sich heute öfter.

Über Nacht werde ich mit einem „Kradmelder" (Kraftrad-Melder) zum Regimentsgefechtsstand abgestellt. Im Freien versuchen wir zu schlafen. Schon um 03 Uhr früh werden wir durch einen Einschlag der russischen Artillerie 30 m hinter uns unsanft geweckt. Die 3te Kompanie erledigt vier angreifende russische Panzer.

24. Juni 1941

Es geht weiter nach Russland hinein. Bei einem Halt auf der Höhe 250,7 werden wir von einem Tiefflieger angegriffen. Aber gleich ist ein deutscher Jäger da, der den roten Flieger abschießt.

Gegen Mittag ziehen wir in LUHACZE, einer größeren Stadt, ein. An allen Ecken brennt die Stadt. Nichts bleibt mehr übrig von den armseligen Panjebuden, sie brennen bis auf den Grund nieder. Hier waren besonders harte Kämpfe schon am Tage zuvor. Teile des Infanterieregiments 529 standen bereits in der Stadt, mussten dann aber wieder zurück, denn aus allen Häusern knallten die Heckenschützen. Viele Bilder von Stalin und Sowjetsterne grüßten uns bei unserem Einzug in die rote Stadt. Und wieder knallen die Heckenschützen aus verschiedenen Häusern. Mancher Kamerad ist auf diese heimtückische Art um´s Leben gekommen. Die Landser lassen die Buden in Flammen aufgehen. Da wird´s den Heckenschützen zu warm und sie kommen heraus aus den inzwischen umstellten Häusern. Sie halten die Hände hoch - aber da gibt es kein Pardon. Inzwischen rollt die Panzergruppe Kleist heran, nimmt die Verfolgung auf und greift den Feind an. Auch die motorisierte Infanterie der Panzergruppe Kleist wird von Heckenschützen beschossen und mit Handgranaten beworfen. Die Wagen halten an und schon kracht es aus allen Rohren der MG (Machinengewehre). Leuchtmunition wird geschossen und Handgranaten fliegen in die Häuser. Auch dieser Häuserblock geht in Flammen auf. Der Vormarsch geht an diesem Tage noch weiter.

25. Juni 1941

Unaufhaltsam ist der Drang nach vorne. Der Feind ist anscheinend zersprengt. Überall werden nur noch kleine Gruppen aufgestöbert. Unsere Infanterie marschiert nun schon tagelang vorwärts. Viele von ihnen haben nichts mehr zum Essen bekommen, weil die Küche nicht mehr mitkam.

Die besten Straßen sind hier das, was man bei uns als Feldwege bezeichnet. Schuhhoch liegt der Staub und die fahrenden Kolonnen ziehen riesige Staubfahnen hinter sich her.

Die Landschaft hier ist sehr schön, fast alles landwirtschaftlich genutzt. Durch herrliche Fruchtfelder geht unser Vormarsch. Überall stehen ganz vereinzelt Häuser umgeben von Kirschbäumen. Auch viele Kirschalleen sind zu sehen. Die Landbevölkerung ist im allgemeinen freundlich, gibt uns Milch, Butter und Brot. In einem Dorf baute die Bevölkerung sogar ein kleines Tor mit der Aufschrift: „Wir grüßen unseren Führer, usw." Bis 6 km vor den Fluß STYR, 6 km vor dem Ort LUCK geht unser Marsch.

26. Juni 1941

Bis zum Mittag bleiben wir an unserem alten Standort. Am Vormittag greifen uns tieffliegende Bomber an - zum Glück jedoch ohne Erfolg. Die rote Luftwaffe ist an diesem Tag sehr aktiv und andernorts manchmal auch erfolgreich. In den Nachmittagsstunden gehen wir vor über den Fluß STYR nach LUCK. Unsere Infanterie setzt südlich von LUCK über den STYR. Da dort keine Brücke ist, rücken die motorisierten Truppen über LUCK vor. LUCK ist eine Stadt mit etwa 100 000 Einwohnern, davon viele Juden. Die Stadt steht ganz im Zeichen des Krieges. Von Fliegerbomben und Ari getroffen liegt fast die ganze Stadt in Schutt und Asche und steht noch in Flammen. Überall stehen ausgebrannte russische Panzer herum. Die Angreifer wurden offensichtlich von unseren vorstoßenden Panzern restlos vernichtet. Auch hier grüßen uns Sowjetsterne und Bilder Stalins.

Wir waren schon mitten in der Stadt, da hieß es plötzlich: „Feindliche Panzer von vorn" ! Die PAK geht in Stellung, wir fahren in eine Seitenstraße zurück. Bald ist der Angriff abgeschlagen, die Panzer brennen, es geht weiter bis nach WORSUN. Zum ersten Mal fahren wir ein paar Kilometer auf einer Teerstrasse. Links und rechts Spuren des Rückzuges: Vernichtete russische Autos, usw. Von 23 bis 1 Uhr habe ich Wache. In der Ferne schießt die russische Ari auf LUCK. Die hintere Flanke ist frei, der Feind drückt durch, aber LUCK fällt am anderen Tag wieder in unsere Hand.

27. Juni 1941

Der Feind wird überall zurückgeworfen. Es ist heute ein recht heißer Tag. Wir wechseln unseren Standort nur einmal. Dann sammeln sich unsere drei Regimenter zum morgigen Großangriff auf JAROSLWICZE. Wir haben heute einen sehr arbeitsreichen Tag auf unserer Funkstelle.

Wilhelm am Funkgerät

28. Juni 1941

Am Vormittag wechseln wir unseren Standort. Es geht einige Kilometer nach vorn. Vom OK (Oberkommando) wird mitgeteilt, dass unsere Luftwaffe mit dem heutigen Tag die Luftherrschaft errungen hat. Flaggen sind zu hissen ! Am Abend wechseln wir unseren Standort erneut.

Bis zum heutigen Tag wurde im deutschen Rundfunk nichts von den großen Erfolgen mitgeteilt, die die deutschen Truppen bis jetzt an allen Frontabschnitten errungen haben. Morgen, Sonntag, also mit einer Woche Verzögerung, sollen die großen Ereignisse als Sondermeldungen bekanntgegeben werden. Wir Soldaten sehen voller Spannung diesem Tag entgegen. Und die Heimat, die wohl eine bange Woche hinter sich hat, wird erleichtert aufatmen.

29. Juni 1941

Um 3.15 werden wir wach, denn wir haben 03.30 Uhr einen Funkspruch durchzugeben. Genau vor einer Woche trat die deutsche Wehrmacht den Marsch in den Osten an. Und wo stehen wir heute? Wie hart muß es doch für den Feind sein, immer wieder unter großen Verlusten zurückweichen zu müssen. Für uns gibt es kein zurück. Unvorstellbar, überall ist der Drang nach vorne zu spüren. Die deutsche Wehrmacht hat auf allen Kriegsschauplätzen bewiesen, daß sie die besten Soldaten und die besten Waffen hat.

Um 11 Uhr endlich beginnt der Rundfunk mit seinen Sondermeldungen. Es sind gewaltige, wohl nie dagewesene Zahlen: In 7 Tagen wurden 4107 rote Flieger abgeschossen, 2232 feindliche Panzer zertrümmert, 600 Geschütze wurden erbeutet. Wilna, Lemberg, Kowno, Dünaburg und noch andere Festungen fielen in unsere Hände. Dies hat alle Erwartungen übertroffen. Nun wird wohl mancher der bis jetzt noch pessimistisch war, durch diese Erfolge überzeugt worden sein.

Am Nachmittag geht es wieder auf Fahrt. Gleich 60 km auf einmal. Sehr schwer ist das Vorwärtskommen auf der Hauptstraße. Endlose Kolonnen sind hier auf dem Vormarsch: Ari, Infanterie, Panzerverbände der Gruppe Kleist, und dann noch Entgegenkommende. Erst in der Nacht erreichen wir unser Ziel. Einige rote Bomber wollen die fahrenden Kolonnen angreifen, doch wildes MG-Feuer prasselt ihnen entgegen. Aus einigen 100 m Höhe lassen sie zwei Bomben fallen. Wir sehen das ganz genau - schnell in Deckung, denn schon „wumm" - 60 m neben uns, in einer sumpfigen Wiese, explodieren sie. Sie kommen immer wieder, denn wahrscheinlich haben sie noch ein paar „Eier", die sie günstig plazieren möchten. Am Abend kommen dann deutsche Jäger, die die Vormarschstraße sichern.

30. Juni 1941

Um die Mittagszeit machen wir wieder einen Gefechtsstandwechsel. Unser Major muss in diesen Tagen ein paarmal zum General. Oft heißt es dann Panzerjäger nach vorn. Diese sind eine unserer besten Waffen in diesem Feldzug. Von 22-24 Uhr muß ich Wache stehen. Ich bin heute so müde, daß ich mich kaum auf den Füßen halten kann.

1. Juli 1941

Schon um 3 Uhr werden wir geweckt, denn wir müssen unsere Funkverbindung aufrecht erhalten. Schon am frühen Morgen entwickelt sich wieder mal ein Luftkampf, der für unsrer Jäger günstig verläuft. Sonst vergeht der Tag ruhig. Kameraden haben russische Schallplatten erbeutet, die nun den ganzen Tag laufen. Ich habe mich schon um 21.45 Uhr hingelegt heute, aber lange soll die Freude nicht dauern. Kaum hatte ich mir mein Nachtlager in der Scheune zurechtgemacht, da heißt es: „Sofort fertigmachen" und schon rasen die Kradmelder mit dem Chef durch die Gegend.

Die Lage ist ganz neu. Wir sind in den letzten Tagen von LUCK aus nach Südosten vorgegangen und wollten den Ring um LEMBERG schließen. Der Feind greift nun vom Nordosten kommend unsere freie linke Flanke an und will den vorgeschobenen Teil durchstoßen. Es ist bekannt, dass bei den Russen eine Panzerdivision als Unterstützung mitwirkt. Wieder heißt es also mitten in der Nacht: „Panzerjäger nach vorn"!

2. Juli 1941

Um 3 Uhr früh fahren wir Richtung NOWINY. Bei Tagesanbruch stieg dort ein großer Angriff von Infanterie Regiment 530. Panzer, Jäger, Sturmgeschütze und unsere Panzerjäger greifen die aufgestellten feindlichen Panzer an. Unsere 3. Kompanie schießt 12 feindliche Panzer ab - unter Verlust von 6 Mann. Langsam wird der Angriff vorgetragen. Gegen Mittag verstummt der Kanonendonner. Der Feind scheint sich zurückzuziehen. Um 20.15 Uhr heißt es ganz plötzlich: „Fertigmachen zur Abfahrt"! Wir fahren über 40 km weit. Nach verschiedenen Stopps ist es 23 Uhr. Wir bleiben stehen und versuchen zu schlafen.

3. Juli 1941

Um 2.30 Uhr heißt es dann wieder Aufstehen. Noch 1 Std. Wache stehen, dann geht es, zwischen 4 und 5 Uhr, weiter nach BZIAD - KIEWICZE.

Ein schöner Tag mit Sonnenschein. Überhaupt war das Wetter bis jetzt immer recht schön. Und gerade in diesem Krieg, bei diesen schlechten Straßen, ist trockenes Wetter wichtiger denn je. Zwar wünsche ich mir manchmal so einen kleinen Regen, damit sich der Staub legt - aber es geht auch so. Denken wir nur an die armen Infanteristen, die kurz vor Beginn des Feldzuges durch ganz Polen gelatscht sind und nun schon 11 Tage lang im Einsatz sind und dabei große Marschleistungen vollbringen. Da geht es uns, der motorisierten Truppe, vergleichsweise doch recht gut. - Der Tag verläuft sonst ruhig. Am Funkgerät lösen wir uns 3-stündlich ab. Da so schönes Wetter ist, tauche ich meine Wäsche in kaltes Wasser, damit sie wieder ihre ehemalige Farbe bekommt. Endlich kann ich mich mal (9.30 Uhr) hinlegen und den uns in den letzten Wochen so oft geraubten Schlaf zum Teil nachholen.

Aber es soll nicht sein. Schon um 2 Uhr heißt es. „An´s Funkgerät" - auf Empfang bleiben ! Natürlich habe ich eine Wut im Bauch ! Aber zu ändern ist da nichts. Ein Trost bleibt mir trotzdem noch, um 2.30 Uhr müssen alle anderen auch raus aus dem Stroh.

4. Juli 1941

Auf der linken Flanke, wo unsere Panzerjäger einen russischen Panzerangriff abwehrten, gehen wir nun heute weit vor zur Aufklärungsabteilung. Auf der Rollbahn der Panzerdivision Kleist, einer schönen asphaltierten Straße, kommen wir rasch vorwärts. In ROWNO machen wir einen kurzen Halt. Eine russische Kirche sticht uns dort besonders in´s Auge. In manchen Stadtvierteln hat der Krieg seine Spuren hinterlassen. Weiter geht die Fahrt nach ??? Dort machen wir in einem Park Halt. Nur zwei Stunden Schlaf verbleiben uns heute wieder.

5. Juli 1941

Nachdem wir unsere Hochantennen abgebaut haben, geht es weiter nach ??? Am Nachmittag fährt unser Wagen in die Stadt, um sich in einem russischen Konsumladen einiges zu organisieren. Viel Likör finden wir, sonst allerdings nichts besonderes.

6. Juli 1941

Nun ist 14 Tage Krieg. Weit sind an allen Fronten die deutschen Soldaten vorgerückt und haben große Erfolge errungen. Die rote Luftwaffe ist fast ganz zerschlagen. Die Panzerwaffe ist ebenfalls fast vernichtet. Auf der Hauptstraße geht nun die vollmotorisierte Panzergruppe Kleist weiter nach vorn. Wir müssen uns mit dem Feldwagen begnügen und übernehmen die Säuberung. Am heutigen Sonntag fahren wir früh um 5 Uhr los. Die Wege sind heute sehr schlecht, so daß es manchmal heißt: Mit dem Spaten den Weg freimachen. In HOSZCA machen wir einen kurzen Stop. Unterwegs hatten wir Gelegenheit zwei rote Bomber beim Bombenabwurf zu beobachten. Zum Glück fallen alle Bomben neben die Straße.

Am Abend kommen wir in KORZEC an. Nun soll es noch 20 km bis zur „Stalin-Linie" sein. Drüben sollen Elitetruppen stehen, die „Stalingarde". Aber auch diese Linie wird, wie die „Maginot-Linie", fallen.

Ein Kamerad der Gruppe Kleist erzählt mir: „Eine Kompanie dieser Gruppe geriet in russische Gefangenschaft. Sie wurden völlig ausgezogen und dann fortgejagt. Mit Maschinengewehren schossen die Russen auf die Reihen. Nur 4 Mann gelang die Flucht."

Um 21 Uhr geht die Fahrt auf der Rollbahn-Mitte weiter. Irgendwo auf der Straßenseite halten wir an. Es ist 24 Uhr. Wir legen uns hin.

7. Juli 1941

Nachts wird natürlich Wache geschoben. Erfreulich ist, daß es einem Funkspruch zufolge nicht vor 17 Uhr weitergeht. Nun versuchen wir am Tag zu schlafen - was auch verschiedentlich gelingt. Ein kleines Schauspiel bieten uns zwischendurch die Fleischer beim Stab: Ein Stier wird geschlachtet.

Am Abend um 17.30 Uhr geht die Fahrt auf der herrliche Aspahltstraße weiter. Im Wald machen wir Quartier.

8. Juli 1941

Nach gutem Schlaf stehen wir um 5 Uhr auf. Mir geht es heute sehr schlecht. Fürchterliche Bauch- und Kopfschmerzen. Nur noch wenige km sind es bis zur Stalin-Linie. Endlos ist der Strom der Panzer, Panzerspähwagen, Geschütze, Infanterie und Pioniere, die da vorn in Stellung gehen um morgen den Angriff weiter nach Russland hineinzutragen. Es ist ein schöner Tag heute. Jedoch fast ununterbrochen ist das Dröhnen der Artillerie zu hören. Drei rote Bomber greifen unsere vordersten Linien an. Heute Nacht um 2 Uhr werden unsere Kompanien in Stellung fahren. Das Gelände soll sehr ungünstig sein, vom Feind einzusehen.

9. Juli 1941

Alles ändert sich mal wieder. Warum ? Das weiß so ein kleiner Landser nicht. In der Nacht muss ich eine Stunde Wache stehen. Nicht in der Nacht, erst am Nachmittag geht es weiter.

Wir gehen durch die „Stalin-Linie" vor. Einige gut getarnte Bunker sind zu sehen. Aber für deutsche Soldaten gibt es kein Hindernis. Über den Fluß SLUCZ geht es auf einer von unseren Pionieren gebauten Pontonbrücke. Die Russen hatten die Straßen- und Eisenbahnbrücke gesprengt. Rechts von uns liegt ZWIAHAL, eine brennende Stadt. In der Nähe schlagen wir unser Nachtquartier auf.

10. Juli 1941

Am frühen Morgen fahren wir weiter nach vorn direkt vor die Mündungen einer leichten Artillerieabteilung. Dann kommt plötzlich der Feuerbefehl - wir gehen in Deckung und dicht über unsere Köpfe hinweg braust der stählerne Frühmorgensgruß hinüber in´s Russenlager. Es geht weiter. Wieder ein herrlicher Tag heute. Wenige km vor uns tobt die Schlacht, MG´s rattern, Granaten schlagen ein. Neben uns zieht die Ari vorbei.

Einer der Landser spielt auf seiner Mandoline:" Wenn ein jeder nach seinem Mädel sich sehnt, die er einmal wiedersehen will". In diesem kleinen Alltagserlebnis spiegelt sich der Geist der deutschen Soldaten. So wie dieser Eine singend vorbeimarschiert ist, so froh marschiert in dieser Zeit die Armee Großdeutschlands.

Ein Funkwagen fährt dort über die Wiese und „wumm" fliegt ein Rad in die Luft. Der Wagen kam in ein Minenfeld, der Besatzung passierte jedoch nichts. Am Mittag liegen wir einige Stunden bei dem Divisionsgefechtsstand. Überall sind Geschütze in Stellung gegangen: Leichte und schwere Flak, usw. Das Flakfeuer wird vorgelegt. Denen da drüben muss es wohl recht warm werden.

Am Abend machen wir wieder Stellungswechsel und verbringen die Nacht hinter einem kleinen Gestrüpp. Im Freien schläft sich´s recht gut, aber es geht nicht ohne Wache. Die ganze Nacht legen die Batterien, in deren Mitte wir sind, ein mörderisches Feuer vor. Um 4 Uhr ist Angriff !

11. Juli 1941

In einzelnen Etappen begleiten wir den Angriff. Immer wieder feuerte die Batterie der Ari - überfallartig. Aber auch die russische Ari feuert und rechts und links, weit neben uns, gibt es Einschläge. Als wir am Nachmittag ganz nach vorne kommen sehen wir die Folgen des deutschen Ari-Feuers: Mann und Roß, Waffen und Wagen sind getroffen worden. Viele, viele Gefangene wurden gemacht.

Es ist ein teuflisches Gelände hier. Sumpf und Moorebene mit vielen Büschen. Zur Verteidigung wie geschaffen. Überall sind Schützenlöcher und man kann an den Feind herankommen, ohne ihn zu sehen. Die Gegend erinnert sehr an Verdun und Donaumont. Dort sah es genauso aus: Neben den vielen Russen liegt hier auch ein deutscher Kamerad der Artillerie, den wir begraben.

Die Fahrt geht weiter auf Wegen, die gar nicht da sind, weil es keine gibt. Wir fahren auf dem Moor weiter und irgendwo in den Büschen machen wir Nachtquartier. Noch am Abend holen die Infanteristen ganze Scharen von Russen aus dem Gebüsch heraus. Mein Kamerad und ich schlafen wieder mal im Freien. Ich betrachte den schönen Sternenhimmel, aber bald fallen mir die Augen zu vor Müdigkeit.

12. Juli 1941

Als wir am Morgen aufwachen da kracht es - weit neben uns schlagen Geschosse der russischen Ari ein. Gewehrschüsse hört man ganz in der Nähe pfeifen. Die Russen zogen sich gestern abend in den Wald zurück der etwa 500 m von uns entfernt ist und sind nun heute morgen wieder vorgedrungen. Wir müssen ganz plötzlich das Feld räumen, denn Infanterie und Sturmgeschütze stellen sich zum Angriff auf. Da wird's heute noch furchtbar rund gehen. Wir sollten eigentlich heute einen Ruhetag haben und fahren deshalb nach hinten, aber auf dem Divisionsgefechtsstand erhalten wir den Auftrag: „Sicherung und Säuberung hinter der Front". Russische Fallschirmjäger sollen im rückwärtigen Gebiet abgesprungen sein.

13. Juli 1941

Wir liegen nun immer noch hier in dieser Ecke, da geht es nicht so leicht vorwärts. Die Russen verteidigen die „Stalin-Linie" hartnäckig. Wie verlautet - nach Aussagen von Gefangenen - wollen die Russen morgen früh mit ihren

Elitetruppen angreifen und die Stadt ZWIAHEL wiedergewinnen. Für uns ist der Tag ruhig. Am Morgen steigen im Osten weiße Pulverdämpfe auf mit nachfolgenden unheimlichen Detonationen. Wahrscheinlich sind es Kartuschen, die in die Luft gehen. Wie wir später erfuhren waren es Ölbrandwerfer. Abends kommt endlich die so lang ersehnte Abkühlung in Form eines starken Gewitters.

Wenn man die Gefangenen betrachtet die an uns vorbeiziehen, dann muß man feststellen, daß die Bolschewiken viele ganz junge Soldaten haben. Auch viele runde asiatische Gesichter sind darunter. Es scheinen ganz primitive Menschen zu sein. In jeder Kompanie haben die Russen politische Kommisare, die in der roten Armee über eine große Macht verfügen. Unter Zwang und Drohen werden die Soldaten als Opfer vorgetrieben und dem der nicht geht ist die Kugel von hinten sicher. Auch ist es schon vorgekommen, daß russische Soldaten bis an die Schulter eingegraben wurden - und so mussten sie sich bis zum letzten Schuß verteidigen.

Unglaubliche Greueltaten haben sich die Bolschewiken auch in POBNE erlaubt. Hunderte von ukrainischen Männern wurden ermordet. Ganz furchtbar wurde mit den Frauen verfahren. Ihnen wurden die Brüste abgeschnitten und das Seitengewehr in ihr Geschlechtsteil gesteckt. Diese Menschen scheinen zu allem fähig zu sein.

Aufgehängter ukrainischer Mann

14. Juli 1941

In der Nacht bin ich natürlich wieder mit Wachestehen dran. Der Tag wird heiß. Vorn wird erbittert gekämpft. Die Russen brechen durch. Unsere Regimenter halten jedoch die Stellung. Die deutsche Ari schweigt heute. Das hat alles seinen guten Grund. Die Ari ist bis zu 6 Linien gestaffelt in Stellung gegangen. Gruppe Kleist kommt dann von hinten, in den Rücken des Feindes. Und dann will – wenn die Zeit da ist - die Ari im direkten Beschuß einsetzen. Kaum auszudenken wie das wirken mag ? Am Nachmittag beschießt uns die russische Ari. Die Geschosse schlagen vor und hinter, links und rechts neben dem Abt.- Gefechtsstand ein. Einige hundert Meter vor uns wurden drei Fahrzeuge getroffen. Dann kommt der Befehl : „Deckungslöcher bauen"!

Alle buddeln wir uns ein Loch, wo wir einigermaßen Splitterschutz haben und schlafen können. Abends wird noch ein Fass Bier angestochen, das zur Abwechslung mal wieder ganz gut schmeckt.

15. Juli 1941

Das in der Nacht erwartete Ari-Feuer bleibt aus. Wir liegen immer noch am selben Fleck. RoteFlieger kommen und bombardieren die Kasernen in ZWIAHEL. Die Flak schießt viel - aber viel daneben. Unbekümmert des Feuers suchen sich die roten Bomber ihre Ziele. Wenn nur ein Jäger da wäre, hört man aus dem Munde aller. Am Abend haben wir eine ganz neue Lage. Die 72te Division greift an und wirft den Feind zurück, der nach rechts ausweicht. Nun haben unsere beiden Regimenter 528 und 529 die Hauptlast zu tragen. Es wird befürchtet, dass die beiden Regimenter dem Druck der Russen nicht standhalten können. Wir machen Gefechtsstandwechsel und besetzen zusammen mit zwei Kompanien die Höhe ZWIAHEL. Hinter uns, sagt der Chef, liegt die Leibstandarte, wenn alles schiefgeht. Es hat stark geregnet. Vorn liegen in den Löchern unsere Infanteristen. Jeder einzelne dieser tapferen Soldaten ist in diesem Kampf ein kleiner Held. Bald vier Wochen marschieren und kämpfen diese Männer schon.

16. Juli 1941

Der erwartete Ansturm der Russen blieb aus. Funkspruch: „Regiment hält die Stellung" ! Am frühen Morgen ziehen wir wieder um auf den alten Gefechtsstand. Die Division greift wiederum an und wirft den Gegner zurück. Die rote Artillerie, die zur Unterstützung im Anmarsch war, wurde am frühen Morgen von unseren „Stuckas" (Sturzkampfbomber) vernichtet. Überhaupt ist am heutigen Tag die deutsche Luftwaffe sehr aktiv. Öfter fliegen kleinere Gruppen von Flugzeugen über uns hinweg, hinüber zu den feindlichen Linien.

17. Juli 1941

Als wir am Morgen aufwachen umgibt uns dichter Nebel. Auch ist es recht kühl geworden. Was wird heute alles auf uns zukommen ? Mal abwarten ! Wir werden wieder von russischen Tieffliegern angegriffen. Leider ist im geeigneten Augenblick kein deutscher Jäger da. Am Abend machen wir Stellungswechsel. Durch die Wälder, die die Russen so hart verteidigten geht unsere Fahrt. Hier hat die deutsche Artillerie furchtbar gehaust. Noch liegen tote Russen und Pferde auf und neben der Straße.

Toter Russe am Straßenrand

Aber auch manches deutsche Soldatengrab ist am Wegesrand. Nicht mehr die Blumen am Wegesrand, sondern die Blumen am Grabesrand sind es, die die Straßen zieren. Manches Mädel und manche Mutter wird einmal diese traurige Nachricht erreichen. Ihnen allen gilt unser Dank für dieses größte Opfer, das Menschen auf dieser Erde bringen können. Im Wald, in dem noch überall Tote liegen, machen wir Halt und Nachtquartier. Die ganze Nacht brausen die Geschosse der Ari, die einige 100 Meter hinter uns steht über uns hinweg. Aber bis 4 Uhr - Ende der Funkstille - habe ich doch ganz gut geschlafen.

18. Juli 1941

Ein grauer, nebeliger Tag. Die Ari hat Stellungswechsel gemacht und ist weiter nach vorne gerückt. Die Russen müssen nun weichen und nicht mehr lange, dann wird der Sieg unser sein. Am Nachmittag ist die russische Ari wieder in Stellung gegangen. Immer wieder Feuerüberfall, aber meistens noch etwas weiter weg. Auf jeden Fall buddeln wir uns abends ein Loch für die Nacht, wünschen aber, daß wir dasselbe möglichst nicht zu benutzen brauchen.

19. Juli 1941

Unser Wunsch ging in Erfüllung, wir konnten ruhig schlafen. Am Vormittag sah ich mir verschiedene Teile des Waldes an. Nur noch Stümpfe ragen in den Himmel. Kreuz und quer liegen die Baumkronen herum. Viele Russen und viele Pferde liegen im Wald. Das waren harte Kämpfe in diesem Wald.

Am Abend schiessen Langrohrgeschütze 2,5 Zentner schwere Granaten nach KOROSTEN. Wo die hinfallen, da wächst kein Gras mehr. Langsam aber stetig und sicher geht es hier vorwärts. Es ist sehr schwer für unsere Infanterie, denn dieser Wald gehört noch zu der „Stalin-Linie". Von vorne kommen Zivilisten, die ihre armselige Habe in Sicherheit bringen wollen. Mann und Frau, Ross und Wagen, eine große Schar Kinder und vielleicht noch eine Kuh. Erbärmlich sind die Lumpen, die sie tragen. Natürlich gehen sie barfuß, das ist selbstverständlich hier im Osten.

Wir sind nun auch schon 10 Tage in einer Gegend, wo kein Haus und kein Hof, kein Mensch und kein Tier ist. Wir sind ganz auf unsere Feldküche angewiesen, die auch nicht immer das Beste bietet. Mit unserem restlichen Fett rösten wir uns hin und wieder ein paar Schnitten Brot. Sonst leben wir recht karg. Kein Huhn, keine Kartoffeln. Nichts, aber auch gar nichts ist da, was man zusätzlich essen könnte ! Wasser ist uns auch schon zum Fremdwort geworden. Mal wieder so richtig im Wasser herumtummeln - ach, wie wäre das schön.

Aber nun ist Krieg, nun heisst es noch mehr als seither verzichten, entbehren. Einmal wird der Krieg ja auch ein Ende nehmen und dann wollen wir wieder lernen zu leben wie Menschen - mal ins Kino gehen, ins Theater - und die engere Heimat mal wieder betrachten.

20. Juli 1941

Von 24 Uhr bis 2 Uhr ist wieder mal eine Wache fällig. Es ist stockdunkel, man kann nicht die Hand vor den Augen sehen. Nun sind 4 Wochen Krieg - heute ist der 5. Sonntag. Noch mal 4 Wochen, dann wird das Ende schon ziemlich nahe gerückt sein. Ein ruhiger Sonntag mit immer noch trübem Himmel. Am Abend um 19 Uhr beginnt die Fernkampfbatterie wieder ihre Grüsse in's Russenlager zu senden.

21. Juli 1941

Wir liegen nun schon wieder den 4ten Tag hier. Die Infanterie soll schon weit vorgerückt sein. Der Donner der Kanonen ist inzwischen ganz verstummt. Langsam aber sicher geht es in dem schwierigen Gelände vorwärts.

In den Nachrichten hören wir an diesem Tag die Kunde von dem V = Viktoria. Deutschland siegt an allen Fronten! Eine grosse Zeit in der wir leben. Vormittags und auch am Nachmittag machen wir Stellungswechsel. Ruinen, brennende Häuser, Granateinschläge, tote Russen und Pferde weisen uns den Weg nach vorn. In einer Stellung, in der uns die Russen ganz neue Unterstände bauten, die sie fluchtartig verließen, machen wir Nachtquartier.

22. Juli 1941

Die ganze Abteilung liegt nun hier eng beieinander. Die Division hat Flankensicherung übernommen. Es ist Ruhetag heute. Aber was heißt schon Ruhe ? Da Wasser in der Nähe ist, muss man sich mal wieder von oben bis unten richtig waschen, rasieren, usw. Auch die Strümpfe müssen mal wieder gewaschen werden.

Am Nachmittag geht's auf die Suche nach Kartoffeln, Zwiebeln, usw. Kurzum man muss mal wieder was anderes in den Leib bekommen, als immer nur Fleisch, mittags Fleisch und abends Fleisch, schon 5 Wochen lang. Keine Kirschen, keine Erdbeeren, keine Marmelade, kein Salat, keine Tomaten, nichts von all dem Guten wird uns in diesem Jahr zuteil.

In den Nachrichten hören wir von dem Bombardement auf Moskau. Der Kreml soll Volltreffer erhalten haben. Nun wird die Lage für die Russen recht ernst.

Am Abend brennt in der Mitte des Platzes ein Lagerfeuer. Kameraden der Kompanie stehen herum, singen und spielen Lieder von der Heimat, vom Feldquartier und vom Wiedersehen.

Mancher unter ihnen ist nicht mehr. So auch der Kamerad Gruber, der am 30. Juni durch einen Volltreffer fiel. Am 21. Juni, am Tag vor dem Kriegsausbruch standen wir vom Stab NZ (Nachrichtenzentrale) auf dem großen Dorfplatz in LASKOW, angetreten als Trauzeugen zu der Ferntrauung. Die junge Frau hat wohl fast gleichzeitig, die erfreuliche Nachricht von der Ferntrauung und die traurigste aller Nachrichten, nämlich dass ihr junger Gatte in Feindesland gefallen ist, erhalten haben.

Wir, vom Kleinfunktrupp II sitzen im Dunkeln auf dem Wagen. Wir sitzen so schon ca. eine Stunde lang und keiner sagt auch nur ein Wort. Jeder denkt an die Heimat, an die Lieben, die sich Sorgen um uns hier draußen machen.

23. Juli 1941

Mit Wache von 6 bis 9 Uhr beginnt dieser Tag. Vormittags machen wir unser Gerät sauber. Auf dem großen Lagerplatz entwickelt sich großes Leben und Treiben. Überall hängt Wäsche und der „Wäscher" steht manchmal sich selbst bewundernd vor der Leine: „Ist doch wieder ganz schön weiss geworden" !Ja, all diese Arbeit die sonst eine gute Mutter für ihren Sohn tut, muss er nun hier draussen selbst vollbringen. Aber er tut es gern, denn ein deutscher Soldat will sauber sein.

24. Juli 1941

Vormittags ist technischer Dienst. Allen helfen wir mit dem, was wir Funker halt können. Am Nachmittag mache ich große Wäsche. Ein Kocher der unterwegs organisiert wurde, hilft die Arbeit erleichtern. Die Wäsche wird richtig gekocht und dann noch gerieben. Und sie ist wieder ganz schön weiss ! Am Abend gehe ich mit zwei Kameraden an Nachbars Kirschen. Unten haben die Landser die reifen schon gepflückt. Und da es so fest regnet, ziehen wir die Kleider aus und nichts wie auf die Bäume. Das ist nun wieder mal ein ganz kleines Stück Heimat. Und da wir schon ausgezogen sind und sich daneben ein See befindet, wird nach russischer Art gebadet. Zwar ist es dunkelbraunes Moorwasser, aber wie schön ist es doch überhaupt im Wasser zu sein. Meine schöne weisse Wäsche hat es nun schon ein paar mal an diesem Tag verregnet.

25. Juli 1941

Um 06 Uhr früh ist wecken ! Ab 10.30 Uhr müssen wir marschbereit sein. Als wir lange genug auf den Abmarsch warteten hieß es: Kommando zurück - wir bleiben heute noch hier. Und da gibt es nur eins: Auf zu Nachbars Kirschen und zum Baden. Zurst wird mal ausgiebig der Bauch vollgegessen und dann noch ein Kochgeschirr voll mit nach Hause genommen. Schnell noch ein Bad im Teich und dann geht´s zurück. Die Kirschen werden gekocht, mit Zucker und Wasser - süssaure Kirschen - kalt ganz prima. Abends ziehen wir nochmals los, gleich zwei Kochgeschirre werden mitgenommen, denn auch neue Bratkartoffeln schmecken ganz gut.

26. Juli 1941

Wir stehen wieder um 6 Uhr auf. Aber schon nach 2 Std. heisst es: Feldküche ist festgefahren - alle Mann zum Schieben. Aber alles schieben hilft nichts, im Gegenteil, die Feldküche sinkt immer tiefer in den Sumpf. Inzwischen kommt der Abmarschbefehl. Wir müssen jedoch noch hierbleiben und der Feldküche heraushelfen. Nachdem wir alle 6 Räder unterbaut haben, gelingt die Fahrt ins Trockene um 12:15 Uhr. Dann wird natürlich von unserem Koch zuerst für´s leibliche Wohl gesorgt.

Anschließend fahren wir los und zwar nach NDRZWOWICE über ZWIAHEL Richtung SCHITOMIR nach PULINI. Unzählige ausgebrannte russische Panzer, LKW, Traktoren, usw. säumen die Straße und weisen uns den Weg nach vorn.

27. Juli 1941

Wieder habe ich Wache. (2.30 bis 4.30 Uhr). Es ist Sonntag heute. Am Vormittag machen wir einen kleinen Bummel durch die Stadt. Das Kino und die Sparkasse ragen aus dem Stadtbild heraus. Ansonsten ist es alles andere als schön hier. Fürchterlich verwahrloste Felder, die Blüten der Kollektiv-Witschaft. Der Sonntagnachmittag vergeht mit Lesen, Radio hören, usw. Am Abend sitzen wir „vier aus Süddeutschland" wieder mal beieinander und singen ein paar nette Lieder.

2 bis 4 Uhr: Wache stehen ! Sternklar und kühl ist die Nacht. Schon um 3 Uhr beginnt es zu tagen. Dafür wird es auch schon gegen 21 Uhr Nacht. Im Laufe des morgigen Tages soll es weitergehen.

29. Juli 1941

Um 1 Uhr heisst es aufstehen. Mitten in der Nacht !! Aber Befehl ist Befehl, also raus und den „Laden" fertiggemachen. Um 3.15 setzt sich die ganze Panzerjäger - Abteilung in Bewegung. Von PULINI aus geht es wieder zurück zur Rollbahn. Auf der Rollbahn geht es dann schnell vorwärts.

Mit 50 km/h geht es an der Infanterie und Artillerie vorbei nach SCHITOMIR. Am Eingang der Stadt ein unübersehbares Gefangenenlager und einige neue Kasernen. Die Innenstadt zeigt wüste Zerstörungen. Etwa 50 km geht es über SCHITOMIR hinaus auf der Rollbahn Nord. In einem Waldstück bei KOTSCH-EROWO ziehen wir uns zurück. Dort machen wir es uns gemütlich, ziehen die Badehose an und legen uns schlafen. Das Wetter ist heute sehr schön und man muss sich wundern, dass die roten Flieger sich im rückwärtigen Gebiet überhaupt nicht wieder sehen lassen. Anscheinend ist die Luftwaffe doch stark dezimiert.

30. Juli 1941

Das erste ist heute ein Bad in einem schönen Teich. Am Mittag fällt mir das Vergnügen zu nach SCHITOMIR zu fahren. Meine Aufgabe ist einige gute Aufnahmen zu machen. Die Kathedrale ist besonders schön. Aber die Bolschewiken benützen dieses Heiligtum als Markthalle. Die Stadt weist starke Zerstörungen auf.

Schon ist die alles ordnende Organisation in Gang gesetzt. Ukrainische Miliz ordnet die Wohnungseinteilung. SCHITOMIR ist wieder eine ukrainische Stadt. Alles bolschewistische wird ausgerottet. Neben der Stadtbesichtigung habe ich auch ein kleines kulturelles Vergnügen.

Das Soldatenkino spielt für die Soldaten „Neue Wochenschau" und den Film „Die lustigen Vagabunden". Sehr interessant ist die Wochenschau, die ja auch aus unserem Kampfabschnitt Bildberichte bringt. Am Abend kehren wir wieder zu unserem Standort zurück.

Spät abends bekommen wir von russischen Bombern noch Besuch. Aber sie lassen ihre Bomben weit ab von uns fallen.

31. Juli 1941

Das erste heute ist wieder ein Sprung ins Nasse. Für mich ist der Vormittag wieder ausgefüllt mit Photoarbeiten. Am Nachmittag ist Stellungswechsel, 50 km weiter nach vorn. In einem Dorf links der Rollbahn machen wir Quartier. Die Leute sind gut zu uns. Sie bieten uns alles an: Gurken, Milch Eier, usw.

01. - 04. August 1941

4 Tage sind wir in MAKAROW. Technischer Dienst, Geräte reinigen und Arbeitsdienst für die Küche verkürzen uns die Zeit. Wie am letzten Aufenthaltsort haben wir auch hier Gelegenheit verschiedene Male zum Baden zu gehen. Und wie dort baden auch hier die Frauen nackt.

In diesen 4 Tagen haben wir Gelegenheit einen Blick auf das Familienleben der Ukrainer zu werfen. Unendlich primitiv sind die Wohnungseinrichtungen. Arm, bitter arm sind die Menschen trotz des so fruchtbaren Bodens. Kein Geld um Kleider und Schuhe zu kaufen. Jahrelang müssen sie auf alles verzichten. Die Leute sind sehr gastfreundlich und entgegenkommend. Jedoch das ungewisse Schicksal ihrer Männer lässt sie manchmal etwas zurückhaltender werden. - Am Sonntag ist zum erstenmal wieder Kirche im Freien.

05. August 1941

Um 03.30 Uhr ist wecken ! Um 05 Uhr fahren wir zur Rollbahn, aber schon nach 10 km geht es rechts ab. In einem kleinen Dorf halten wir an: „Rasten und auf weiteren Marschbefehl warten" heißt der Befehl. Wir warten bis zum Abend, dann kommt der neue Befehl, der für morgen den Abmarsch ankündigt. - Ich lege mich in dieser schönen, klaren Vollmondnacht ins Freie.

06. August 1941

Schon um 24 Uhr ist meine Nachtruhe vorbei. Zwei Stunden Wache. Wecken und Abfahrt um 3 Uhr. Ein Weg auf dem oft bis zu einem halben Meter Sand liegt ist heute unsere Vormarschstrasse. Die Kameraden von den kleinen Olympic Wagen müssen öfter schieben. Um 6 Uhr kommen wir an unserem neuen Standort an, der offensichtlich gestern noch von der roten Artillerie beflastert wurde.

Wir müssen nun wieder Funkverbindung herstellen. Am frühn Morgen erhalten wir roten Fliegerbesuch. Aus allen Rohren – auch wir beteiligen uns - fliegt ihnen der stählerne Frühmorgengruß entgegen und schliesslich drehen sie ab. Das wiederholt sich öfters. Auch einige Male Artilleriebeschuss !

07. August 1941

Heute werden wir um 4 Uhr geweckt ! Über schlechte Wege geht unsere Fahrt, über die Bahnlinie FASTOV – KIEW, dann bei WASSILKOW wieder nordost-wärts nach OLEWACHA. Nun stehen wir 20 km vor KIEW in einem Waldstück. So heiss es am Morgen war, so kalt wird es am Abend und in der Nacht. Auch hat es die ganze Nacht über stark geregnet. Am Abend und die ganze Nacht feu-ern die Batterien der Ari, vom leichten Geschütz bis zu den schwersten 30,5 cm Kanonen in Richtung Hauptsadt. Unheimlich sind die Detonationen der Abschüsse.

08. August 1941

Der Kanonendonner weckt uns nach kurzem, tiefem Schlaf. Auch heute haben wir sehr nasskaltes Wetter. An der Funkstelle herrscht reger Betrieb. Einige Mal am Tag kreisen die Roten Jäger über uns. Die Flak erzielt einen Abschuss. Am Abend kommen sogar noch rote Bomber. Unglaublich was ihnen da an Flak-, MG- und Gewehrfeuer entgegenprasselt. Unverrichteter Dinge drehen sie wieder ab.

Dann aber kommen unsere Jäger. Am Abend geht es plötzlich weiter. Unsere Infanterie ist in die Stadt eingedrungen, zehn russische Panzer greifen an. Pan-zerjäger nach vorn, heisst es nun wieder. Etwa um 10 Uhr fahren wir auf der neuen Pflasterstrasse zur Stadt. In einem Obstgarten rechts der Strasse ziehen wir unter. Es ist 24 Uhr.

09. August 1941

Um 1 Uhr nachts kommen wir dann zur Ruhe. Um 3 Uhr ist schon wieder we-cken! Ein schöner, verheissungsvoller Tag dämmert herauf. Unsere Ari, in de-ren Mitte wir uns befinden, schiesst sich ein und verstärkt das Feuer. Aber auch die russische Ari schweigt nicht. Etwa 800 m vor uns liegen die Einschläge. Beim Heller werden zeigt sich die russische Luftwaffe. Jäger 3, 6, 9 greifen im Tiefflug an, drehen ab und kommen wieder. In unserer Mitte schlagen die Leuchtspurkugeln ein. Ein Pferd bäumt sich auf, es ist an der Brust getroffen.

Und dann kommen die roten Bomber, eine grössere Anzahl, 9, 15, 18, 21 Stück. Sie kommen immer wieder, greifen immer wieder an. Zwei werden von unserer Flak abgeschossen. Eine der Besatzungen springt mit dem Fallschirm ab, landet im Wald hinter uns. Der andere abgeschossene Flieger überschlägt sich und stürzt ab. Immer wieder kommen die roten Flieger und greifen an - Jäger, Bomber, einzeln und in Gruppen. Leider sind unsere Jäger immer dann zur Stelle, wenn die Russen weg sind. Dazwischen hämmert die russische Artillerie, deren Einschläge uns gegen 10 Uhr immer näher kommen.

Sieben Stunden sind wir nun auf den Beinen, doch kommen sie uns in dieser Situation so unendlich lange vor. Das war bis jetzt der härteste Tag für uns ! Verwundete, auch Tote um uns. Die Sanka-Wagen rollen neben uns auf der Pflasterstrasse.

Um 12 Uhr Befehl für mich : „Sofort fertigmachen", als Essensbringer mit nach vorn. Wir nehmen unsere Essenskanister mit und machen uns auf den Weg. Etwa 800 m geht es auf der Pflasterstrasse, dann links ab auf schlechten Wegen über Felder, etwa vier km weit. Schwer ist die Last und heiss brennt die Sonne auf uns nieder. Immer wieder schlagen die Granaten der russischen Batterien dicht neben uns ein. Alle fünf Meter müssen wir uns hinwerfen, aber wir erreichen unser Ziel. Wenn man noch ein paar Meter weiter vor geht, sieht man KIEW, die ukrainische Hauptstadt vor uns liegen. In der Sonne glänzen hell aus dem Stadtbild herausragende grössere Bauten. Ganz deutlich kann man den Sender KIEW ausmachen. Wir gehen wieder zurück.

Hinter uns Einschläge. Dann aber löst das Feuer unserer Batterien das der russischen ab. Wir kommen gut zurück. Inzwischen ist ein Ballon hinter unseren Batterien hochgegangen. Aber nicht lange soll die Freude dauern. In Massen stürzen sich rote Jäger auf den Ballon, der brennend abstürzt. Die russischen Flieger beherrschen heute das Feld. Nicht lange dauert es, dann schlagen wieder die Granaten der russischen Batterien neben uns ein. Etwas später greifen die russischen Flieger wieder in Massen an.

Es ist nun Abend geworden. Schwer war der hinter uns liegende Tag. Was wird die Nacht bringen ? „Funkstelle dauernd auf Empfang bleiben" lautet der Befehl am Abend. Im drei Stundenrythmus lösen wir uns ab.

10. August 1941

Kalt waren die paar Stunden in unserem gestern gebauten Unterstand. Von 2 bis 5 Uhr gehe ich meine drei Stunden ans Funkgerät. Schon in diesen frühen Morgenstunden kommen die Russen in rauhen Mengen, Bomber und Jäger. Die Einschläge der Artillerie liegen wie gestern immer ganz nah bei uns. Langsam lässt die Artillerietätigkeit auf beiden Seiten etwas nach. Doch weiterhin greifen russische Jagdflugzeuge immer wieder an. Sie leiten das russische Artilleriefeuer, stören die deutschen Batterien und greifen unsere Nachschubkolonnen an. Gegen Mittag verstärken die russischen Batterien das Feuer wieder. Die Einschläge nähern sich uns. Drei Pferde werden mitten auf unserem Platz erschlagen. Bis zum Abend hält das Feuer in unverminderter Stärke an.

Die Tornisterfunktrupps kommen vom Abt.-Gefechtsstand zurück mit der traurigsten aller Nachrichten: Leutnant Liebentraut und Feldwebel Hübner wurden im Unterstand von einem Volltreffer getroffen ! Gefreiter Ruffer ist verwundet. Der von allen so verehrte Leutnant gefallen, im selben Feuer durch das ich gestern das Essen trug. Noch können wir es kaum glauben, aber die Kameraden kamen allein zurück. Es ist schon so. Mit ihm ist der Beste von uns gegangen, ein Vater von zwei Kindern. Als ich Anfang diesen Jahres Fahrschule machte, sagte er wenn ich mal zu schnell oder unsicher fuhr: „Denk an meine Frau und meine zwei kleinen Kinder." Und nun haben sie so schnell, über Nacht, ihren Vater verloren. Möge Gott, der Allmächtige die Hinterbliebenen trösten und ihnen über das große Leid hinweghelfen.

Am Abend ist der Artilleriebeschuss immer noch recht lebhaft. Erst in der Nacht schweigen die russischen Batterien. Das waren nun zwei Tage mit hoher russischer Luftüberlegenheit, mit zahlenmäßig viel stärkerer Artillerie und mit großen Massen von russischer Infanterie. Ich lege mich wieder in meinen Unterstand, wo ich auch ein paar Stunden schlafe.

11. August 1941

Um 0 Uhr ist wecken. Um 3.30 Uhr fahren wir aus der für uns in diesen zwei Tagen zur Hölle gewordenen Ecke weg. Über WASSILIKOW geht es einige Kilometer weiter zurück. In einem kleinen Dorf ziehen wir unter. Am Nachmittag machen wir erneut Stellungswechsel. Auf allerlei Umwegen geht es weiter zurück nach MITHYZA. Kleinfunktrupp II hat die weniger schöne Aufgabe, zwei Schweine, sowie Eier und Milch zu organisieren.

In einem Dorf in der Nähe unseres Quartieres vom Vormittag sind die Einwohner dabei das Gewünschte beizubringen. Alle kommen sie und bringen freudig ein paar Liter Milch und Eier. Der Dorfälteste schreibt das alles fein säuberlich auf, um seine Leute nachher ausbezahlen zu können. Um 11.30 Uhr kommen wir mit unserer wertvollen Fracht an.

12. August 1941

Um 24 Uhr kann man sich endlich hinlegen - am besten wieder im Freien. Zwar sind die Nächte jetzt schon ziemlich kühl - aber umso besser schläft man. Am Vormittag ist Gerätereinigen angesetzt, aber die Küche braucht uns für notwendige Arbeiten als da sind: Kartoffel schälen, Holz sägen und spalten, usw. Am Nachmittag erfolgt dann das für Vormittag angesetzte Gerätereinigen. Beim Antreten wird durch ABT.-Befehl der neue Nachrichtenzugführer Leutnant von Ende eingesetzt.

13. August 1941

Von 2.30 - 6.45 Uhr Wache ! Von MITNYZA über WASSILIKOW geht es nach nach BARACHTY. Erst ziehen wir unter Obstbäumen unter, später stellen wir unser Gerät in einer Scheune unter. Am Nachmittag wird hier die Ortskommandantur eingerichtet, Fernsprechleitungen gebaut, usw.

14. August - 11. September 1941

Die 7te Staffel verblieb in MYRNYZA und wir haben die Aufgabe wieder Funkverbindung aufzunehmen. Erwin Wellhöfer und ich wechseln uns täglich ab am Funkgerät. An den anderen Tagen haben wir uns zum Arbeitsdienst zu melden. Meistens besteht derselbe aus Arbeit für die Küche, z. B. Kartoffel raus machen, für Gemüse sorgen und vor allem den täglichen Wasserbedarf der Küche zu decken - und der ist weiß Gott nicht klein. Wir mussten das ganze Wasser 250 m weit aus einem recht tiefen Brunnen herbeischaffen und wir wurden langsam zu staatlich geprüften Wasserträgern. Das nette, friedliche Leben in BARACHTY wurde nur selten durch feindliche Flugzeuge gestört. Einmal fallen Bomben auf die gepflasterte Strasse, ein andermal beglücken sie uns mit Flugblättern, worüber wir uns lustig machen, denn das ist ja nicht so, dass unsere Bräute und Frauen von SA und SS - Männern vergewaltigt werden.

Am Abend hören wir von der Südfront von KIEW den Kanonendonner. Unsere Infanterie, die in den Tagen vom 8. - 10. August schon bis zur Südstadt Kiews vorgedrungen war, ging an den folgenden Tagen auf die fast gleiche Linie mit den anderen Divisionen zurück, denn dieses verderbenbringende Artilleriefeuer der letzten Tage aus den Flanken hätte die Division der Vernichtung ausgesetzt.

Unsere tapfere Infanterie hielt aber den weiteren Gegenangriffen der Sowjets in den folgenden Wochen immer Stand und wich keinen Finger breit mehr von der in ihrem Besitz befindlichen Höhe. Wir Panzerjäger bildeten während des Einsatzes unserer Infanterie Divisionsreserve. Als solche fällt uns die Aufgabe der Betreuung einer vorgeschobenen B.-Stelle der Division zu. Mit dem Aufbau derselben wurde Leutnant Kübler, Feldwebel Bersch, zwei Unteroffiziere, zwei Gefreite - dabei auch ich - betraut. Wir bauten den bereits vorhandenen Laufgraben besser aus, fügten Unterstände ein, usw.

Unvollendeter Bau eines Unterstandes

Pünktlich um 17 Uhr fällt Störungsfeuer in der Nähe der B.-Stelle, das ist unser Abendsegen. Mit Einbruch der Dunkelheit können wir unsere Arbeit als beendet ansehen. In der Nacht und am Tag haben wir die Aufgabe Richtung und Ziele des feindlichen Artilleriefeuers zu beobachten. Früh um 05 Uhr löste uns eine Gruppe der Kompanie ab. Erst nach 14 Tagen, an einem wirklich sonnige Tag fällt mir diese Aufgabe wieder zu.

In BARACHTY herrscht seit einiger Zeit halbstündige Alarmbereitschaft, d. h. wir dürfen uns nicht von unserem „Bau" entfernen. Das ist recht schade, denn die Landschaft bietet hier ein wirklich schönes Bild, in die es uns gar manchmal hinauslockt.

Langsam beginnt es also in BARACHTY langweilig zu werden, d. h. uns „Landsern" eigentlich nicht, denn wir nutzen die Zeit zum „Brozeln". Einmal gibt´s

Apfelmus, gekochte Birnen,Gurken, Salat, Kartoffelpuffer, Bratkartoffel, usw. Um die Zeit noch besser auszufüllen setzt man Apelle an, macht Exerzieren, macht Waffenreinigen und wieder Exerzieren. Leutnant von Ende hat in der zwischenzeit den Stab-NZ übernommen.

Wir haben in diesem Dorf ausgiebig Gelegenheit die Lebensart der Bewohner kennenzulernen. Primitiv wie bei den ersten Menschen mutet uns vieles an. Draußen an einer offenen Feuerstelle kochen sie ihr Süppchen - viel ist es nicht. Sie haben sich ganz an das arme, kärgliche Leben im Sowjetstaate gewöhnt und sind wirklich anspruchslos geblieben. Von den Jahren der Not und des Leidens künden die traurigen Weisen, die die Mädchen am Sonntagabend unter den Trümmern ihrer ehemaligen Kirche erklingen lassen. Betten gibt es bei diesen armen Menschen in dem doch so reichen Lande nicht. Über dem Kachelofen, auf der Pritsche daneben, auf der harten Bank ist ihr Bett. Dünn sind die Wände, mit Lehm die Lücken des Holzes ausgefüllt und hart, sehr hart wird der Winter werden. Sie sind nicht, wie wir zuhause, glückliche Besitzer von Kohle für den strengen, kalten Winter. Aber sie haben schon manchen Winter überstanden und auch diesesmal wird es ihnen gelingen. Große Not haben sie mit dem umverteilten Vieh der Kolchose Güter. Sie haben keine Stallungen und bis jetzt steht das Vieh im Freien, bei jedem Wetter. Viel ist hier noch zu tun, aufzubauen in diesem Reich. Endlich rückt der Tag unserer Abfahrt näher.

12. September 1941

Es heißt: Gefechtsstab um 8 Uhr abrücken. Auftrag: „Gruppe Lamberty" bilden und Stellung bei SABOJE halten. Unsere Funkstelle bleibt hier. Da die Wege zur neuen Stellung für die kleinen Olympia-Wagen unpassierbar sind, müssen die Ford BB die Tornistertrupps nach vorne fahren. Der Reststab und Tross macht Stellungswechsel nach WASILKOW. Mit unserem Gerät belegen wir beiden Kleinfunktrupps ein Zimmer und richten uns recht häuslich ein. Aber immer, wenn wir uns so schön einrichten, soll diese Freude nicht lange dauern.

13. September 1941

In der Nacht habe ich Wache. Sonst schläft sich´s recht gut in unserer Bude. Am Vormittag kommt Leutnant Kübler von vorne zurück mit dem Befehl: Kleinfunktrupp mit nach vorne ! Die Erwartung hat also nicht getäuscht. Wir machen uns fertig und am Nachmittag geht es auf recht schlechten Wegen nach SABOJE. Wir sollen Verbindung mit der Nachbardivision aufnehmen, aber noch ist die Gruppe „Lamberty" im Entstehen und es klappt nicht so recht. Die Befehle überstürzen sich.

SABOJE ist ein von Menschen verlassenes Dorf. Am Dorfende ein Wiesengrund, dann beginnt der Wald - etwa 3 km tief. Auf der fernen Höhe sind unsere vordersten Linien. Ein zahlenmäßig starker Feind liegt in der feindlichen Bunkerlinie. Noch ist es recht ruhig hier, nur leichtes Granatwerferfeuer auf die vordersten Linien ist zu hören.

14. September 1941

In der Nacht riss uns heftiges Granatwerferfeuer aus dem Schlaf. Ein russischer Spähtrupp wurde abgeschlagen. Der Tag verlief dann recht ruhig. Am Abend wird die Auflösung der „Gruppe Lamberty" bekannt. Sie wird durch die 71te Division abgelöst.

15. September 1941

In der Nacht schiebe ich zwei Mal Wache. Am Morgen um 8.30 ist Abfahrt aus SABOJE. Gegen Mittag sind wir in WASILKOW. Neue Lage: Angriff auf KIEW aus dem Nordosten. Im Süden halten, um später auch hier anzugreifen.

16. September 1941

Um 06 Uhr früh beginnt ein wahres Trommelfeuer auf KIEW. Nachdem bereits am Tag zuvor die Stadt durch eine 1-stündige Kraftprobe unserer Batterien vorbereitet war, beginnt um 6 Uhr der Angriff.

Für uns ist Waffenreinigen und Küchendienst angesagt. An diesem Tag blüht und gedeiht unsere Kochkunst mal wieder: Kartoffelsalat, Kortoffelpuffer, usw. schmecken sehr gut !

17. September 1941

Vormittags Arbeitsdienst. Heute geht es uns ganz gut. Wir dürfen zum Baden, welch schöne Einrichtung nicht allzuweit von der Front ein Bad, ein fahrbares Bad, sogar Holzpantoffeln werden mitgeführt - wie vornehm ! Es ist wirklich eine Wohltat nach so langer Zeit mal wieder zu baden und wir genießen das, auch wenn wir deswegen weit laufen müssen.

18. September 1941

Ab heute sind wir in Alarmbereitschaft. Heute morgen griff unsere Division an der Südfront an. Einige Male am Tag ziehen unsere Stuckas (Sturzkampfbomber) über uns hinweg, nachdem sie ihren Auftrag - Bomben vor Kiew abzuwerfen - erledigt hatten. Es sind größere Gruppen und sie haben bestimmt ganze Arbeit geleistet.

19. September 1941

Wie häufig vormittags Arbeitsdienst, diesmal „Funkschlüsselübungen". Wird aber schon um 11 Uhr abgebrochen, da der neue Befehl lautet: „Sofort abmarschbereit machen!" Die neuesten Nachrichten sagen, dass unsere Infanterie keine Feindberührung mehr hat. Der Feind soll in großen Gruppen überlaufen, der Rest muss sich über den DNJEPR zurückziehen.

Um 14 Uhr setzt sich unsere Abteilung in Marsch. Alles drängt nach vorn, jeder will zuerst in die Stadt. Derselbe Drang wie damals über den BUG. Wir kommen in unser altes Kampfgebiet, wo wir schon vor 6 Wochen standen. Das ganze Gelände ist von den Artillerieeinschlägen umgepflügt. Die Russen haben überall Laufgräben und große Unterstände angelegt. Überall sieht man Warnschilder: „Minen" ! Die am Weg haben unsere Pioniere schon ausgegraben. Am Wegrand liegt ein toter Kamerad, er ist offensichtlich auf eine Mine getreten. Immer wieder gehen noch Minen hoch die mit Zeitzünder gelegt worden sind. Wir erreichen den Stadtrand, Panzersperren, zahllose Feldstellungen, usw.

Da ein Bach, die Brücke ist gesprengt, wir können nicht mehr weiter. Es geht wieder zurück, um einen anderen Weg zu suchen. Es wird schon dunkel und wir machen an einem großen Gut Quartier. Erst wird das ganze Gut abgesucht nach versteckten Russen. Dann müssen wir Funkverbindung aufnehmen. Die Nacht verspricht recht kalt zu werden.

20. September 1941

Auf 9 Uhr sollen wir abmarschbereit sein. Doch wie so oft heißt es mal wieder: „Kommando zurück - Wagen abladen und in die Stadt fahren"! Unser Auftrag ist, Getränke und Lebensmittel zu organisieren. In der Stadt sind überall Barrikaden und Strassensperren errichtet. Auch mitten in der Stadt finden wir überall Feldstellungen.

Das alte KIEW ist wirklich eine schöne Stadt mit vielen herrlichen Bauten. Auch die Strassen gleichen denen einer modernen Großstadt. Die Bevölkerung winkt und lacht uns zu. Und wo wir stehen drängen sich viele Menschen zu uns und Deutschsprechende müssen übersetzen. Sie sind alle überglücklich, dass nicht der harte Vernichtungskampf um die Stadt entbrannt ist. Sie sind damit von endlosem Leid verschont geblieben. Noch vor wenigen Tagen galt die Stadt als uneinnehmbar und nun ist sie genommen. Auch uns sind damit zahlreiche Verluste erspart geblieben. Als wir am Abend unseren Auftrag erfüllt hatten, war der Stab in eine Kaserne am Stadtrand umgezogen.

21. September 1941

Wieder ist Sonntag heute, aber noch gibt es für uns keinen Sonntag. Die Kaserne wird saubergemacht und eingeräumt. Am Mittag fangen wir an eine Fernsprechleitung zu bauen. Aber wieder heißt es - ein Glück, dass wir erst 100 m aufgebaut hatten - Kommando zurück: „Abbauen und sofort fertigmachen zum Abmarsch" ! Ein neuer Auftrag ist für uns bereit: Vorausabteilung in einer motorisierten Division. Eine leichte, motorisierte, schnelle Division soll weit nach Osten vorstoßen und erkunden, wo der Feind hintreibt. Das Unternehmen wird jedoch wieder verschoben und wir können nochmals in unserer Kaserne übernachten.

22. - 27. September 1941

Gegen Mittag wird das Unternehmen endgültig abgeblasen. Die Fernsprechleitung zur Abteilung wird jetzt doch gebaut. Die Woche vergeht mit viel Arbeit, mit viel Wache schieben und recht wenig Freizeit.

Bei der Stadtbesichtigung von KIEW am 25.09. sehen wir uns die Stadt etwas genauer an. Wir gehen an das Ufer des DNJEPR. Vor uns liegt der in fünf-sechs Arme geteilte Fluss und dahinter die weite offene Landschaft mit einer endlosen Ebene.

Die vor Tagen noch wohlbehaltene Stadt steht inzwischen an einigen Stellen in Flammen. Das ist das Werk von bolschewistischen Saboteuren. Aber sie sind verraten worden und an irgend einem Platz hat man die Täter erschossen. Von den brennenden Häusern wurde offenbar auch ein Munitionslager erfasst. Riesige Explosionen ereignen sich inmitten der Stadt. Granatsplitter fliegen durch die Luft. Die Brände greifen immer weiter um sich. Unsere Pioniere sprengen neben den Brandherden Häuser, um ein weiteres Übergreifen der Brände zu verhindern.

Foto Kiew

28. September 1941

Weil es heute Sonntag ist, müssen wir eine Stunde früher aufstehen - schon um 5 Uhr ! Um 6 Uhr geht es dann hinaus auf die Kolchos-Güter, Kartoffeln rausmachen für kommende Tage. Sie sind furchtbar klein, aber mit vereinten Kräften werden die Säcke doch voll. Als wir zurückkommen wird anstatt dem angesagten Geräteapell das gesamte Funkgerät verladen. Dann bauen wir die Fernsprechleitung ab und um 18 Uhr beginnt die große Fahrt.

29. September 1941

Um Mitternacht fahren wir über die Pontonbrücke über den DNJEPR. Über BROVARY - GOGOLZJEW - NOWYBASSAN - NOWYBYKOW - SGUROWKA geht unsere Fahrt nach PRILUKI. Insgesamt 230 km sind wir in 24 Std. gefahren. Um 18.30 Uhr kommen wir in PRILUKI an. In einer Schule auf Stroh machen wir unser Nachtquartier.

30. September 1941

Heute werden wir der 1. Kompanie zugeteilt, Wir bleiben noch einen Tag in PRILUKI .

1. Oktober 1941

Um 8 Uhr fahren wir nach PEREWOLOTSCHNOJE (20 km), wo wir Verbindung zum Stab aufnehmen.

2. Oktober 1941

Um 8.30 Uhr fahren wir wieder nach PRILUKI. Dort sammelt sich die Abteilung. Um 13 Uhr geht es dann weiter über IWANIZA - WERESCHKOWA - JAROSCHEWKA nach ROMNY.

Die Wege sind schlecht, aber Hauptsache, dass es trocken ist. An den Straßen sehen wir die Spuren des „erfolgreichen feindlichen Rückzuges". Unsere Flieger haben ihn offensichtlich ordentlich gestört. Es wird dunkel, noch 10 km bis ROMNY. Wir dürfen nicht in die Stadt, weil noch zu viele Truppen dort liegen. In einem Heuhaufen machen wir uns ein Nachtquartier zurecht. Es schläft sich gut und warm darin.

3. Oktober 1941

Um 6 Uhr geht es weiter. Um 8 Uhr treffen wir dann in ROMNY ein. Dort warten wir auf weitere Befehle. Während unserer Wartezeit ziehen motorisierte Truppen in Richtung Moskau an uns vorüber. Gegen 15 Uhr geht es weiter in Richtung HOT/KUSZMENGKLI - HOT/RASZNITSCHENKOWA - MALY/GALENAKY - HOT/NOWIZOWA - KAMMLINKA - SSEWNJONOWKA - SSLOBODA/KRASSNAJA. Um 18 Uhr, es wird schon dunkel, kommen wir an. Es wird eine kalte Nacht und wir flüchten uns deshalb in eine warme Panje-Bude.

4. Oktober 1941

Um 6.30 Uhr ist Wecken. Auf 9 Uhr ist Abmarsch für den Gefechtsstab festgesetzt. Wir ziehen noch etwa 15 km nach vorn. KOSDNOJE heißt das Dorf. Nicht lange dauert es, dann bekommen wir den ersten unerwarteten und unerwünschten Besuch. Sechs rote Bomber kommen im Tiefflug und feuern aus allen Rohren. Drüben am Dorfrand fallen Bomben. Einige Häuser, von den Bordwaffen der Bomber getroffen, brennen schnell nieder. Noch einige Male am Tage, am Abend und in der Nacht kommen sie wieder.

Von 19-21 Uhr stehe ich Wache und dann habe ich noch bis 24 Uhr Dienst am

Funkgerät. Aber schon um 23 Uhr wird mein Dienst gewaltsam beendet. Es heißt: „Fertig machen zur Abfahrt"! Wir bauen rasch ab und ziehen vor auf die Strasse. Wir werden der Vorausabteilung 168 zugeteilt, die nicht weit vor uns liegt. Es ist inzwischen 24 Uhr und man sagt uns wir könnten bis 4 Uhr schlafen.

5. Oktober 1941

Aber schon um 2.30 Uhr heißt es: „Aufstehen"! Das war wieder eine kurze Nacht! Wir empfangen unsere Funkunterlagen und nehmen den Funkverkehr auf. Am Vormittag zeigt sich, dass der Feind in der Zwischenzeit seine Artillerie in Stellung gebracht hat. Wir bauen uns Deckungslöcher. Schon am Nachmittag stellt die russische Batterie ihr Feuer ein. Wir lösen uns drei stündlich am Funkgerät ab. Im übrigen wollen wir mal wieder gut leben und da sind ein paar Hühner eine schöne Abwechslung.

6. Oktober 1941

Ein ruhiger, kalter Tag. Wir ziehen um, dicht an ein Haus und verlängern Kopfhörer, so dass man sie in der Stube gut hören kann. Es ist ein ganz kleines Zimmer und der alte „Pan" sorgt für etwas Wärme im Zimmer. Es ist so doch besser als draußen.

Melder bringen uns die traurige Nachricht, dass ein Leutnant und ein Gefreiter der 1. Kompanie bei einem Spähtruppunternehmen gefallen sind.

7. Oktober 1941

Um 6 Uhr früh wachen wir auf. Draußen liegt der erste Schnee !!! Über Nacht ist es Winter geworden in Russland. Starke Schneestürme den ganzen Vormittag.

Um 7 Uhr werden wir vom Melder zum Stab auf den Artillerie-Gefechtsstand zurückgeholt. Hier werden wir der 2. Kompanie für ein Unternehmen (Vorausabteilung) zugeteilt. Sprechverkehr während der ganzen Fahrt. Der Vormarsch ist schwer, denn die Wege sind sehr schlecht und Schnee und Regen haben sie grundlos gemacht.

In der Dämmerung schliesslich bleiben einige Wagen stecken. Wir bleiben stehen und bauen eine Wagenburg: Drei Wagen gegeneinander.

8. Oktober 1941

Neuer Befehl: Wir müssen zurück. Über SSLOBODA-KRANSNAJA fahren wir ins nächste Dorf, wo wir ins Quartier gehen.

9. Oktober 1941

Um 10 Uhr werden wir zum Stab zurückgeholt. Für 13 Uhr ist Marschbereitschaft geplant. Vormarsch, etwa 50 km, bis KRAMINO. In Panjebuden machen wir Nachtquartier.

10. Oktober 1941

Wir können nicht weiter, denn der Brennstoff ist alle. Also auf Tankwagen warten. Und nun kommt, was auf diesen Wegen nicht hätte kommen dürfen: Regen, Regen und nochmals Regen.

11. Oktober - 14. November 1941

Auch weiterhin bringt der Oktober nur Regen und Schnee. Die Wege sind vollkommen aufgeweicht und grundlos. Nie gesehener Dreck in KRAMINO.

Steckengebliebene Fahrzeuge

Frosttage werden ausgenutzt um Brennstoff nach vorne zu schaffen. Doch als Brennstoff da ist regnet es wieder. Die Vormarschstrasse ROMY-SFUMY ist wohl 500 m breit. Beim Vormarsch der bespannten Truppen hat das große Pferdesterben eingesetzt. Bald alle 100 m liegt ein totes Pferd. - Keine Verpflegung, nichts mehr kommt bei. Wir schlachten was uns in die Finger kommt und lassen uns von den Dorfbewohneren Brot backen. So schlagen wir uns durch. In diesen Tagen und Wochen leben wir trotzdem ganz gut. So manches Huhn, manche Ente und manche Gans hat dran glauben müssen. Als Zugabe machen wir Kartoffelsalat.

Für uns Funker ist es eine arbeitsreiche Zeit. Wir haben Verbindung mit dem Tross und mit der Division. Da es keine Drahtverbindungen gibt muss alles gefunkt werden. Über 200 meist mehrteilige Funksprüche wurden aufgenommen und eben soviele weitergegeben. Das kostet uns manchen Schweisstropfen. Keine einzige Nacht dieser sechs Wochen in KRAMINO konnten wir durchschlafen und keine Nacht dauerte für uns länger als 6 Std. Außerdem war in diesem Dorf Viehzeug, wie Läuse, Flöhe und Mäuse stark vertreten und kein Wunder, wenn fast alles verlaust war. Nur wir, vom kleinen Funktrupp II, blieben von diesem Ungeziefer verschont. Umso mehr aber plagten uns die Mäuse. Um manche Stunde Schlaf haben uns die Biester gebracht. Kaum dass man am Einschlafen war, da fing unter dem Kopf ein Rascheln und ein Knistern im Stroh an. So gingen die Wochen in KRAMINO dahin.

15. November 1941

Schon seit einer Woche ist es recht kalt geworden. Und endlich ist der Tag gekommen, wo wir weiterziehen werden, unserem Winterquartier entgegen. Um 7 Uhr marschieren wir in KRAMINO ab. Es geht quer feldein, denn die Strasse ist überall. Um 14 Uhr treffen wir in SSUMY ein. Es gab recht kalte Füße bei dieser Fahrt. Übrigens hatten wir bei dieser Fahrt das Vergnügen im Schlepptau der Küche zu fahren, da unser Wagen einen Getriebeschaden hatte. In SSUMY übernachteten wir.

16. November 1941

Um 5 Uhr ist wecken, um alle Wagen um 6.30 Uhr marschbereit zu haben, denn die Kälte ist ein Feind unserer Fahrzeuge, wie wir schon feststellen mussten. Am Morgen stellt sich der neue Kommandeur, Hauptmann Münster, dem Stab NZ vor. Um 7 Uhr ist Abfahrt aus SSUMY. Es sind 68 km bis LEBEDIN. Manchmal kann man heute sogar auf den Wegen fahren. Um 12 Uhr mittags kommen wir in LEBEDIN an. Einige zerstörte Denkmäler Stalins fallen uns zuerst ins Auge. Die Bevölkerung ist recht freundlich zu uns. Auf dem Marktplatz baumelt am Galgen eine erhängte Frau. Sie hatte eine andere Frau mit zwei Kindern auf dem Gewissen.

Aufgehängte Frau

Und dann kommen wir in unsere Unterkunft, eine ehemalige Bank und die Stuben sind von den Quartiermachern schon gut vorgeheizt. Aber nicht lange soll diese Freude dauern. Das Quartier ist nämlich zu klein. Es heißt, alles Gerät wieder aufladen und nun sollen wir in einem Hotel unterkommen. Ein Raum wird schnell sauber gemacht, geheizt und mit Stroh ausgelegt, für's erste ist das gut genug.

17. November 1941

Das Gerät wird nun endgültig entladen - nach der Heizung wird gesehen und teilweise zum Laufen gebracht - und das Licht brennt heute auch schon. Überall sind Hände am Werk. Auf der Kommandantur herrscht Hochbetrieb. Neue Befehle und Bekanntmachungen hängen an der Anschlagtafel - streng und sachlich. Wir bauen unsre Funkstelle in der Ortskommandantur auf und nehmen wieder Verbindung mit Tross und Division auf. - Schon sind auch die Fernsprechspezialisten am Werk und ziehen überall hin ihre „Nervenfäden", die Funkstelle übernimmt dann die Vermittlung.

18. November 1941

Nachdem nun alles sauber gemacht und installiert ist wird festgestellt, dass die Dampfheizung so schnell nicht wieder in Betrieb gesetzt werden kann. Die mit Öfen versehenen Räume werden von der Schreibstube, dem Unteroffizier, dem Geräte- und Mannschaftsraum, usw. belegt. Für die Mannschaften wird ein neuer Raum gesucht und auch gefunden.

19. November - 11. Dezember 1941

Es ist nun so, dass ich zusammen mit drei Mann an einem Tag die Funkstelle übernehme und dann abgelöst werde von meinem Kameraden und drei Mann. In LEBEDIN wird ein Soldatenheim eingerichtet. Torf wird täglich angefahren als Brennmaterial für den Winter. Überall ist wieder Leben. Der Bolschewismus ist weggefegt und das Neue beginnt sich Bahn zu brechen. So gehen die Wochen in LEBEDIN herum.

In der deutschen Wehrmacht hat das kleine Städtchen strenge Richter. Einige Erhängungen und Erschiessungen werden von der Miliz durchgeführt. Doch das war wohl auch notwendig, denn sonst wäre nie Ordnung und Ruhe in das Städtchen eingekehrt. Man war dabei, auf alle Stuben neben Licht auch Radio zu legen. „Ganz wie daheim" sollten wir es haben meinte unser Leutnant. Aber es sollte nicht sein.

In den Morgenstunden des 2. Advent geht die sehr unerfreuliche Parole herum, dass die ganze Division in den Raum OBOJAN verlegt werden soll. Zu unsrere Freude wird aber noch gegen Abend bekanntgegeben, dass das alles hinfällig sei. Wir freuen uns riesig und wenn wir gekonnt hätten, dann hätten wir auch einen getrunken. Nun werden die Vorbereitungen für die Weihnachtsfeier aufgenommen. Es soll eine schöne Weihnachtsfeier hier in Russland werden.

Doch da mitten in die Vorbereitungen hinein kommt der Befehl: „Verlegung der gesamten Division in den Raum von OBOJAN am 13. Dezember" !

12. Dezember 1941

In der Frühe fährt das Vorkommando unter Leutnant Leißner weg. Die am nächsten Tag fahrende Marschgruppe bereitet sich bereits für die Abfahrt vor. Wir sollen in LEBEDIN bleiben. Doch schon ein paar Stunden später ändert sich der Befehl: „Funktrupp auf Tankwagen mitfahren." Am Abend verladen wir das nicht gebrauchte Gerät.

13. Dezember 1941

Um 05 Uhr früh ist wecken. Das restliche Gerät, sowie eigenes Gepäck wird verladen. Mit dem heutigen Tag verlassen wir also unser Winterquartier. Wie hätten wir hier doch den Winter so gut herumgebracht! Doch es sollte nicht sein! LEBEDIN gehört in die Vergangenheit. „Wo es dir gut geht, da bleib nicht lange.- Vergangen, vergessen, was hinter uns liegt."

Am Stadtausgang biegen wir links ein auf den Bahndamm zwischen den Schienen, so selbstverständlich, als wären wir schon immer auf dem Bahndamm gefahren. Doch der Bahndamm ist keine Strasse, das wird sich sehr bald zeigen. Die kleinen Wagen flitzen nur so zwischen den Schienen dahin. Doch das „Wüstenschiff", der franz. Renault ist genau so breit wie die Schienen und die Gefahr des Abrutschens ist gross. Deswegen sollen die LKW's neben den Schienen fahren. Doch auch das ist nicht so einfach, denn es hat in den letzten Tagen stark getaut und die Erde ist schätzungsweise 0,5 m aufgetaut. Keiner der LKW's ist fähig auch nur eine kleine Anhöhe zu überwinden - auch schieben hilft nicht weiter. Also zurück auf den Bahndamm und siehe da: Übung macht den Meister ! Es geht nun besser, wenn man schneller fährt.

Über angesprengte, gefährliche Brücken geht unsere Fahrt, bis spät in die Nacht hinein. Es ist Mitternacht, doch wir fahren weiter, wenn auch langsam so doch sicher.

14. Dezember 1941

Immer weiter rollen wir in den 3. Advent hinein. Gegen 02 Uhr früh erreichen wir den Bahnhof KJEBJERNU-KOWKA. Dort treffen wir die anderen. Und nun aber schnell ein paar Stunden schlafen. Das Bahnhofsgebäude ist die Ortskommandatur und die Zimmer sind ganz schön angeheizt. Hier schläft sich's auch auf dem Fußboden ganz gut.

Um 9.30 Uhr geht unsere Fahrt weiter - auf den Schienen. Viele Fahrzeuge und Geschütze sind schon ausgefallen. Gegen Abend kommen wir in NOWOS-SJELYZA an. Die anderen sind schon alle da. Wir müssen Verbindung aufnehmen mit der Division und dem Vorkommando. Jedoch erst wird noch ein Quartier gesucht. Wir finden eine Panjebude, doch sie ist sauber und reinlich, zumal ein junges Mädchen drin schaltet und waltet. Nun wird also wieder auf Stroh gepennt. Für uns Funker ist die Nacht nur kurz, denn die Verständigung mit der Division ist sehr schwach und erfordert viel Nachfragen. Noch in später Nacht kocht das junge Mädchen, das der Hausfrau zu Hilfe kam, die vor drei Wochen ein Kind geboren hat - Kartoffelbrei mit Milch für uns.

15. Dezember 1941

Auch heute werden wir gut bewirtet. Unsre Weihnachtsgans wird schon heute gegessen, nach ukrainischer Art zubereitet, schmeckt aber recht gut. Es hat sich herumgesprochen, dass Musik in der Bude ist. Viele junge Männer und auch Mädchen kommen am Abend und führen uns ihre Tänze vor. Es ist ein wirklich schöner Abend.

16. Dezember 1941

Auch heute ist es wieder lustig im Hause von „Maruska". Die Stube ist ganz voll. Wir freuen und über diese Abwechslung.

17. Dezember 1941

Um 10 Uhr ist Abmarsch nach SSUNY, gegen Mittag sind wir dort. Am Stadteingang grüßen uns fünf Mann, die am Galgen hängen. Da noch kein geeignetes Quartier frei ist, ziehen wir am Stadtrand vorläufig in eine Schule. Wir bauen unsere Funkstation wieder auf.

18. Dezember 1941

Um 7.30 Uhr macht die Kompanie Stellungswechsel in ein besseres Quartier. Wir können erst später nachkommen, da wir um 08 Uhr anrufen müssen. Danach bauen wir ab und verpacken unser Gerät. Doch mitten in unseren Abbauarbeiten kehrt die Kompanie wieder zurück, denn das neue Quartier ist offensichtlich noch nicht frei ? Wir bauen wieder auf ! Gegen Mittag klärt sich für uns die Lage. Wir ziehen zum Stützpunkt SSUMY. Der Nachmittag vergeht mit umziehen und aufbauen.

Am Abend gehen wir ins Kino. Ein Film „Frau Luna" mit bekannten Melodien wird gezeigt. Der zweite Film seit 9 Monaten.

19. Dezember 1941

Wieder heißt es: Umziehen! - diesmal vom Hinterhaus ins Vorderhaus. Der 19. Dezember beendet auch unseren vorläufigen Funkverkehr - die Gegenstelle ist zu weit weg.

20. - 24. Dezember 1941

Die folgenden Tage verbringen wir ruhig. Musik bringt etwas Abwechslung in den eintönigen Alltag. Wir vermissen hier sehr stark unsere Post - seit der Abfahrt von LEBEDIN sind wir ohne Post. Gerade jetzt vor Weihnachten, wo man so sehnlich auf Post aus der Heimat wartet.

Heiliger Abend in SSUMY. Unsere kleine Feier hier im Stützpunkt war auf 17 Uhr angesetzt. Doch wichtige Ferngespräche mit OBOJAN zwingen uns die Feier zu verschieben. Unerfreuliche Nachrichten! Über Weihnachten sollen sämtliche Geschütze und Nachrichtengeräte nach vorn gebracht werden. Auf unserer Stube haben sich die Kameraden, die sich für die Rundfunksendung zum Heiligen Abend interessierten, versammelt. Soldatenweihnacht - für mich zum 3ten Mal - diesmal mitten in Russland. Doch im Vergleich geht es uns ja noch gut. Täglich hören wir im Wehrmachtsbericht von schweren Kämpfen und Angriffen der Bolschewisten. Wir denken an die Kameraden, die draußen stehen im blutigen Verteidigungskampf in strenger Kälte. Einem überlegenen Feind gegenüber, der all seine Reserven aus der weiten asiatischen Steppe, seine Elitetruppen aus der Fernostarmee an die Front wirft, sie vortreibt und zum Sieg ansetzen will, jetzt, wo deutsche Soldaten 1000 km weit im Sowjetreich stehen.

Weihnachstfeier

25. Dezember 1941

Wir müssen heute früh aufstehen und packen, denn um 10 Uhr sollen wir ab-
fahren. Doch es kommt anders. Die strenge Kälte hat sogar die Benzinleitungen
einfrieren lassen. Alles wird versucht, doch es geht eben nicht. Erst am Spät-
nachmittag kommt der Wagen ins Rollen - doch für heute ist es zu spät.

26. Dezember 1941

Wir halten uns in ständiger Bereitschaft, doch auch heute geht nichts.

27. Dezember 1941

Endlich bringt man einige Wagen in Gang. Doch damit werden Geschütze usw.
mit nach vorne genommen.

Am Abend nehmen wir die Gelegenheit wahr und besuchen den großen „bun-
ten Abend" im Theater, veranstaltet von der Musikkapelle der Division. Ein
zusammengestelltes Tanzorchester spielt schöne flotte Weisen. Ein wirklich

schönerAbend !

Die folgenden Tage bemüht man sich Schlitten für uns zu bekommen, was endlich auch am 31. Dez. gelingt.

Geschütztransport

31. Dezember 1941

Um 8 Uhr ist Abmarsch mit 10 Panje-Schlitten. Wir sind ein Unteroffizier und
15 Mann. Unser Funktrupp ist mit 4 Schlitten und 2 Mann beteiligt. Der erste
Tag bringt uns bis HLUBNE. Die letzten Stunden des alten Jahres stehe ich auf
Posten - Zeit um über das Vergangene nachzudenken.

1. Januar 1942

Ein neues Jahr beginnt. - „Was wird und dieses Jahr bringen ???" Doch
alles was kommt wird Gott der Allmächtige bestimmen und wir wollen still
unser Schiksal tragen. Wir danken ihm für all die Liebe und Gnade, die er uns
im vergangenen Jahr erwiesen hat und bitten ihn auch im Neuen Jahr um seinen gnädigen Schutz.

Wir setzen unseren Marsch fort, erreichen RASNOPOLJE und machen im nächsten Ort Quartier. Es ist bitter kalt geworden in diesem neuen Jahr. Es gibt erfrorene Nasen, Kinn und Füße. Wir hängen uns Wolldecken um zum Schutz gegen den eisigen Wind und stopfen Schafwolle in die Socken und zwischen die Zehen.

2. Januar 1942

Weitermarsch bis nach ILEK. Im nächsten Dorf machen wir Quartier.

3. Januar 1942

Heute erreichen wir GOTNJA und machen wiederum im nächsten Dorf Quartier. Heute war es besonders kalt: - 40° C sollen es gewesen sein ! Das ist doch ein bisschen viel !

4. Januar 1942

Weitermarsch bis BUTOWO. Wir sind gezwungen unsere Marschstrecke nach den Dörfern einzurichten, manchmal sind es 30 - 35 km, manchmal auch nur 15 - 20 km.

5. Januar 1942

Wir erreichen 3 km vor der Rollbahn Belgorod - OBOJAN ein Dorf in dem wir Quartier machen. Nun sind es noch 50 km bis OBOJAN - zwei Marschtage und event. ein Ruhetag Heute haben wir schlechte Quartiere erwischt, aber morgen früh geht es ja gleich weiter.

6. Januar 1942

Heute marschieren wir nun auf der Rollbahn. Es geht flott vorwärts. Ein „Fieseler Storch" (kleines Aufklärungsflugzeug) kreist ganz nieder über uns und wirft eine Meldung ab: „Auf Strasse BELGOROD - OBOJAN keine Feindkräfte festgestellt / OBOJAN ist in eigener Hand / Wichtig / weitergeben"! OBOJAN in eigener Hand - merkwürdig ?   OBOJAN ist doch schon im Oktober oder November in dt. Hände gefallen. Ein General kommt im Wagen vorbei. Wir geben ihm die Meldung weiter. Der General gibt uns den Befehl weiterzumarschieren und Anschluss zu finden an die 6. Kompanie, Inf.. Reg. 217, die ein Dorf vor OBOJAN säubert. - Wir marschieren weiter, heute sind es schon 35 km. Da taucht ein Dorf auf und wir sehen brennende LKW's die in der Nacht von Partisanen überfallen wurden. Wir erfahren, dass dabei 30 unserer Kameraden ums Leben gekommen sind. Es waren ganz neue Sanitäts - und Fernsprechwagen.

Wir marschieren weiter. Nach 12 km kommen wir mitten in eine Schießerei hinein. Ein Sturmgeschütz, PAK und drei MG's feuern unaufhörlich. Versprengte Teile russischer Truppen sollen sich im nahegelegenen Wald befinden. Jetzt haben wir Anschluss an die 6. Kompanie, die offensichtlich Feindberührung hat. Unterwegs heizen wir in verlassenen Buden etwas ein, um uns aufzuwärmen. Spät in der Nacht geht es weiter zusammen mit der 6. Kompanie. Immer wieder zischen uns Geschosse um die Ohren

7. - 10. Januar 1942

Gegen 2 Uhr früh erreichen wir die Stadt OBOJAN. Am Stadtrand erkennen wir in der Dunkelheit zahllose tote Russen. Jetzt heißt es unsere Dienststelle suchen. Nach langem Suchen und Fragen werden wir fündig. Alles ist erstaunt, wie wir durchgekommen sind. Die Kameraden sind in Alarmbereitschaft. Draußen lebt immer wieder neu MG-Feuer auf. Sonst ist es ruhig. Wir versuchen zu schlafen im Mantel und Stiefeln und unsere Waffen umgeschnallt.

Und nicht lange währt die Freude: „Alarm" weckt uns aus dem erst begonnen Schlaf. Der Feind feuert wieder mit seinen schweren Waffen. Ganz nahe am Haus schlagen ein paar Treffer ein. Bei Tagesanbruch wird es wieder ruhiger. Doch da kommen auch schon die ersten feindlichen Flieger: „Fliegeralarm" ertönen die Stimmen der Posten. Raus - wir beobachten vor der Kellertür die feindlichen Flieger. Was haben sie vor? Wie ist ihre Flugrichtung? Wann geht der Bombenschacht auf? Doch, da jetzt! Aber was kommt heraus? Ein endloser Flugblattsegen! Das ist doch schön von den „Roten", nur Flugblätter über der Stadt abzuwerfen. Aber wir haben uns zu früh gefreut: Kaum das sich die Flugblätter über die Stadt ergossen haben, da geht auch schon der Bombenschacht auf!

Das sind die Tücken der Bolschewisten! Die Flugblätter fordern die deutsche Besatzung der Stadt OBOJAN auf, sich zu ergeben. Sie enthielten außerdem die Drohung, die Stadt würde sonst dem Erdboden gleichgemacht. Bald darauf war wieder Fliegeralarm - doch da brauste eine Staffel deutscher Kampfflugzeuge im Tiefflug über die Stadt, immer wieder. Sie wollen offensichtlich Munition abwerfen, aber wo? Da eine Leuchtkugel, nun wissen sie wo - und sie kommen wieder und werfen die Munition ab! Als nächstes wird mit Geschütz und Artillerie SORINO angegriffen und gegen Nachmittag auch genommen. Auf der Höhe entkommen leider zahlreiche LKWs der Russen.

11. Januar 1942

Wiederum in der Nacht kommt ein neuer Angriffsbefehl: Batallion greift KRASNIKOWA an! Die Infanterie geht querfeldein, während alle schlittenbespannten Fahrzeuge über OBOJAN zurück nach KRASNIKOWA fahren müssen. Unsere Aufgabe ist damit erfült und wir können am Nachmittag zu unserer Truppe zurückkehren.

12. Januar 1942

Heute habe ich vor, die Kampfstätten in OBOJAN mit der Kamera festzuhalten. Doch als ich gerade bei der Feldwache I angefangen habe zu fotografieren, werde ich zurückgeholt: „Bereithalten für neue Aufgabe"! Doch der Tag vergeht und wir sind immer noch da.

13. Januar 1942

Dieser Tag fängt etwas komisch an. Unmittelbar nach den bitter schweren Tagen von „OBOJAN", die auch von unserem kleinen Haufen Tote und Verwundete forderten, steigt am frühen Morgen eine Sektparade. Das ist etwas ganz Neues, deswegen will ich es kurz erläutern. Am Abend zuvor hatte ein Offizier eine Flasche Sekt kühlgestellt. Als er sie holen wollte war sie weg. Sofort eingeleitete Nachforschungen blieben erfolglos. Damit dieser Sekt wieder beikommt durften wir alle - vom Schützen bis zum Oberfeldwebel - von 7.00 - 7.30 Uhr täglich antreten und eine „Sektparade" durchführen.

Jedoch kurze Zeit später hieß es : „Funktrupp fertigmachen"! Für eine Aufklärungsabteilung sollten wir einige Tage die Funkverbindung zur Division und dem Regiment herstellen. In MAL KRIJUK, ca. 15 km nordöstlich von OBOJAN trafen wir auf die Aufklärungsabteilung. Es war wieder ein bitter kalter Tag mit rauhem Oststurm und heftigem Schneetreiben. An Arbeit fehlte es uns nicht. Es wurde gefunkt was das Zeug hielt! Die Aufgabe der Aufklärungsabteilung war es die ganze Umgebung zu erkunden. Nach allen Seiten wurden Spähtrupps geschickt, deren Aufgabe es war festzustellen, ob feindfrei oder besetzt. Die gesamten Ergebnisse, sowie weitere Befehle wurden über Funk von uns weitergegeben.

14. + 15. Januar 1942

Verbleib in MAL KRIJUK.

16. Januar 1942

In der Nacht kam dann der Befehl Stellungswechsel zu vollziehen. 7.30 Uhr Abmarsch aus MAL KRIJUK. Um 12.00 Uhr treffen wir in WERCH DUNAJEZ ein. Unser Spähtrupp in nördlicher Richtung erhält starkes Feuer - doch kann er einige Gefangene machen.

17. Januar 1942

Um 12.00 Uhr Abmarsch aus WERCH DUNAJEZ um 13.00 Uhr erreichen wir TRUBEZKOJE.

18. Januar 1942

Verbleib in „TRUBEZKOJE".

19. Januar 1942

Wiederum in der Nacht kommt der Befehl Stellungswechsel zu machen und zwar sofort. Um 01.00 Uhr Abmarsch aus TRUBEZKOJE. Um 8.00 Uhr früh sind wir dann in KOTSCHEGUROWKA.

Es war wieder bitter kalt und manchmal fanden wir kaum noch Weg und Steg in den verschneiten Feldern. Das hieß bei uns also: „Die Nacht ist nicht nur zum Schlafen da, die Nacht ist auch dazu da, dass man marschiert"! An Post, etc. ist gar nicht zu denken. Das ist nicht schön so von den Lieben daheim abgeschnitten zu sein. Abgehende Post gibt es auch nicht, dazu finden wir keine Zeit. Immer unterwegs, nur wenige Stunden in der Nacht schlafen, manchmal auch gar nicht. Und wenn man dann Quartier bezieht, dann hat man seine Not mit dem Essen. Zuerst muss man das Brot auftauen, das während der Fahrt hart gefroren ist und so geht es weiter. „Nebenher" haben wir in diesen 6 Tagen nicht weniger als 100 Funksprüche aufgenommen und abgesetzt!

20. Januar 1942

Erneut Stellungwechsel. Um 1.00 Uhr Abmarsch aus KOTSCHEGUROWKA. Um 7.00 Uhr kommen wir in POSSETSCHNOJE an.

21. + 22. Januar 1942

Um, 2.00 Uhr Abmarsch von POSSETSCHNOJE, um 9.30 dann Einmarsch in BOGDANOWKA. Um 14.00 Uhr geht es bereits weiter im Eiltempo nach MOROSOW. Um 18.00 Uhr sind wir dort. In MOROSOW verbringen wir einen Tag.

23. Januar 1942

Um 14.00 Uhr brechen wir Richtung BOGDANOWKA auf, wo wir gegen 18.00 Uhr eintreffen. Bereits um 21.00 Uhr jedoch heißt es Abmarsch nach SSANCE-WO.

24. Januar 1942

Mitten in der Nacht um 2.30 Uhr erreichen wir SSANCEWO. In einer ganz bösen Bude sind wir die paar Nachtstunden untergebracht. Im Vorraum haben die Russen Hafer hinterlassen. Doch die Minen, die sie darin versteckt hatten, haben wir rechtzeitig entdeckt und beseitigt. Um die Mittagszeit wieder-mal feindliche Beschießung.

Hier bekommen wir nun endlich mal wieder Post - welche Freude, wieder was von der Heimat zu hören! Um 17.00 Uhr ziehen wir um in die Hauptstras-se. Es ist wohl das beste Quartier, in dem ich in Russland war. Was für ein Kontrast! Nicht nur, daß es recht sauber war im Haus, sogar mit einem Schalen-tee wurden wir bewirtet. Doch auch hier heißt es bald Abschied nehmen.

25. Januar 1942

Aus für uns nicht durchschaubaren Gründen heißt es um 7.00 Uhr Abmarsch (Rückmarsch) nach SSANCEWO um 11.00 Uhr weiter nach BOGDANOWKA und um 10.00 Uhr kommen wir wieder in MOROSOW an und ziehen wieder in unser altes, bekanntes Quartier ein. Da ist man nicht besonders erfreut, denn die Kartoffeln werden beträchtlich weniger.

26. Januar - 4. Februar 1942

Nun ist es bei uns ruhiger geworden. Die ehemaligen alten Stellungen sollen über den Winter überall gehalten werden. Auch bei uns im Äther (Funkverkehr) ist es nun ruhiger geworden. Während dieser Verschnaufpause ist mir als Auszeichnung das EK II (Eisernes Kreuz II) verliehen worden. Auch kommen wir jetzt endlich mal dazu das Innere von Hemd, Unterhose, Pullover, usw. mal genauer zu betrachten. Und das war nicht umsonst! In den vorangegangenen Wochen haben wir uns nämlich viele Läuse zugelegt, die auszurotten wir nun beginnen.

5. Februar 1942

Jetzt geht es doch schon wieder weiter und zwar verlassen wir MOROSOW um 7.00 Uhr und kommen um 10.00 Uhr in BALAKIREW an. Dort machen wir Quartier in einem ganz netten Haus und wie immer bauen wir neben der Führungsgruppe der Abteilung unsere Funkstelle auf.

>>>

Leider endet hier das Tagebuch!
Da weitere Seiten des Tagebuches leer sind, ist davon auszugehen, dass ab diesem Zeitpunkt die Weiterführung des Tagebuches aufgrund der immer schwieriger werdenden Situation nicht mehr möglich war .

Anhang

Original Tagebuchseiten

Tagebuch

9. Juni. Pfingsten 1942. Schon um 7 Uhr rief mich der gewohnte Orgelton der U. v. d.: "Aufstehen!" Nun, das ist noch von "heiligen Pfingst- feiertag" doch etwas zu früh. Aber das hilft alles nichts — der Durchschlupf müssen die lieben Kühe weiden machen. Also raus — frisch gewaschen, in Kleider geworfen. Um 8 Uhr riefmich wieder die U. v. d., daß wir unsere Kühe einfangen sollen. Das gefällt mir auch nicht zu

Wehrpass: Angaben zur Person

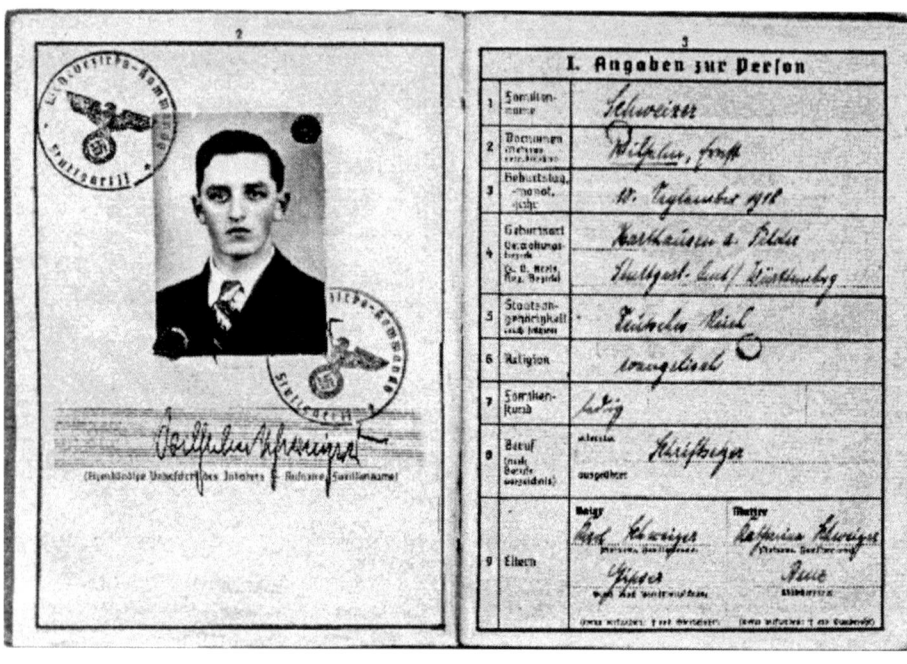

Wehrpass: Beförderungen und Ernennungen

Im Kriege mitgemachte Gefechte und Schlachten

1. Grenzschlachten in Bessarabien, Galizien und Wolhynien
   - a) Grenzschlachten zwischen Bug und Styr   (22.6. - 25.06.1941)
     Durchbruch durch die Bugbefestigungen am 22.06.1941
   - b) Kämpfe zwischen Styr und Stalin-Linie (26.06 - 07.07.1941)
2. Durchbruch auf Kiew und Vorstoß an den Dnjepr
   - a) Durchbruch durch die Stalin-Linie bei Zwiahel (08.07- 10.07.1941)
   - b) Flankenkämpfe/Abwehrschlachten bei Zwiahel und Sokolow
     (11.07. - 22.07.1941)
3. Kämpfe im Raum nördlich von Shitomir (15.07. - 24.07.1941)
4. Verfolgungskämpfe gegen den Dnjeper und Angriff über den Dnjepr
   (25.07. - 20.08.1941)
   - a) Angriff auf die Südfront von Kiew und Durchbruch bei
     Potschtowaja (30.07. - 08.08.1941)
   - b) Abwehrkämpfe bei Kiew (09.08. - 20.08.1941)
5. Schlacht bei Kiew (21.08. - 27.09.1941)
   - a) Angriff auf Kiew und Einnahme der Festung (16.09. - 19.09.1941)
   - b) Verwendung im Operationsgebiet der 6. Armee (20.09.-04.10.1941)
6. Verfolgung gegen den Donezk (05.10 – 25.10.1941)
   - a) Verfolgungskämpfe am Pssiol und an der Worskla
     (05.10. - 16.10.1941)
   - b) Kämpfe bei Charkow und Belgorod (17.10. - 25.10.1941)
7. Kämpfe am oberen Donezk am Don Ssomina
   - a) Verwendung im Operationsgebiet der 6. Armee (26.10. - 31.12.1941)

Verwundungen und ernsthafte Krankheiten

25.07.1943 gefallen 3 km westlich von Bogorodizkoje (Russland)
Truppenteil: Stab/Panzerjäger Abt. 299

Leutnant und Führer Stab: Eßwein

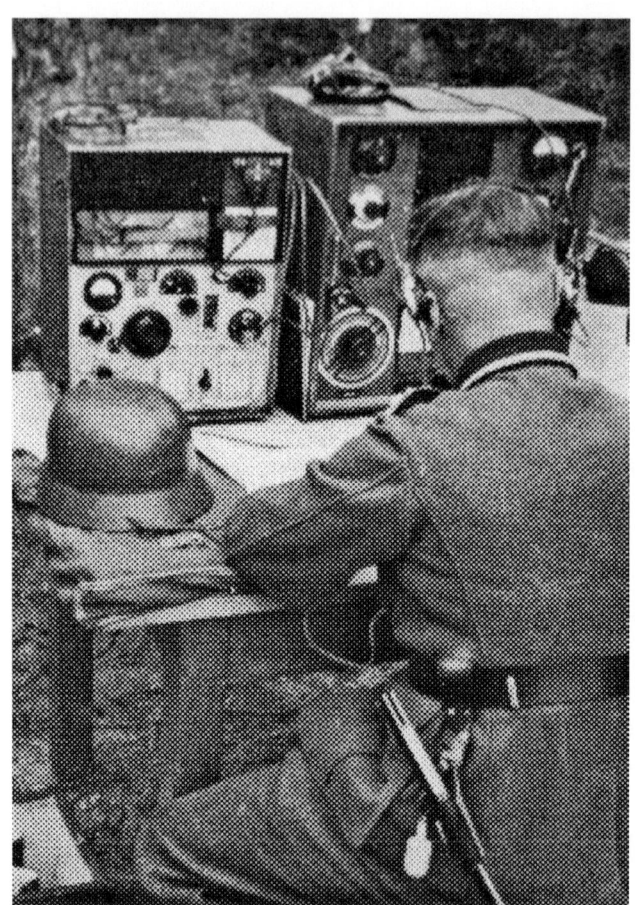

Kamerad am Sender

Funkverschlüsselung:

Für jeden Buchstaben eines Wortes wird die darunter stehende Zahl verwendet.

A B C D E F G H I K L M N O P Q R S T U V W X Y Z
25 24 23 22 21 20 19 18 17 16 15 14 13 12 11 10 9 8 7 6 5 4 3 2 1

Beispiel: „Teichwalde" ergibt:
7, 21, 17, 23, 18, 4, 25, 15, 22, 21

Funkübung (T-Empfänger und 20 Watt Sender beim Sternverkehr)

Wilhelm am Empfänger

Kameraden aus Stab/Nachrichtenzentrale

Wilhelm in Uniform

Kirche in Kursk

Straßenkreuzung in Kursk

Trauerfeier in der Kirche in Filderstadt Harthausen

Der Frontverlauf im April 1943 zeigt die im Vergleich zu Ende 1941 und 1942 bereits aufgegebenen Gebiete (Moskau, Stalingrad, Kursk). Die deutsche Wehrmacht war zu diesem Zeitpunkt in gnadenlose Rückzugsgefechte gegen einen übermächtigen Feind verwickelt. Unsagbare Strapazen, Verwundung, Verstümmelung und Tod sind die täglichen Begleiter der jungen Soldaten.

Etwa drei Monate später, am 25.07.1943, hat ein Volltreffer auf seinen Unterstand, ca. 30 km östlich von Belgorod, das Leben von Wilhelm Schweizer ausgelöscht.

Sein Kriegskamerad Wellhöfer hat den Angriff überlebt und bei seinem nächsten Heimaturlaub u. a. auch das berührende Tagebuch mitgebracht.

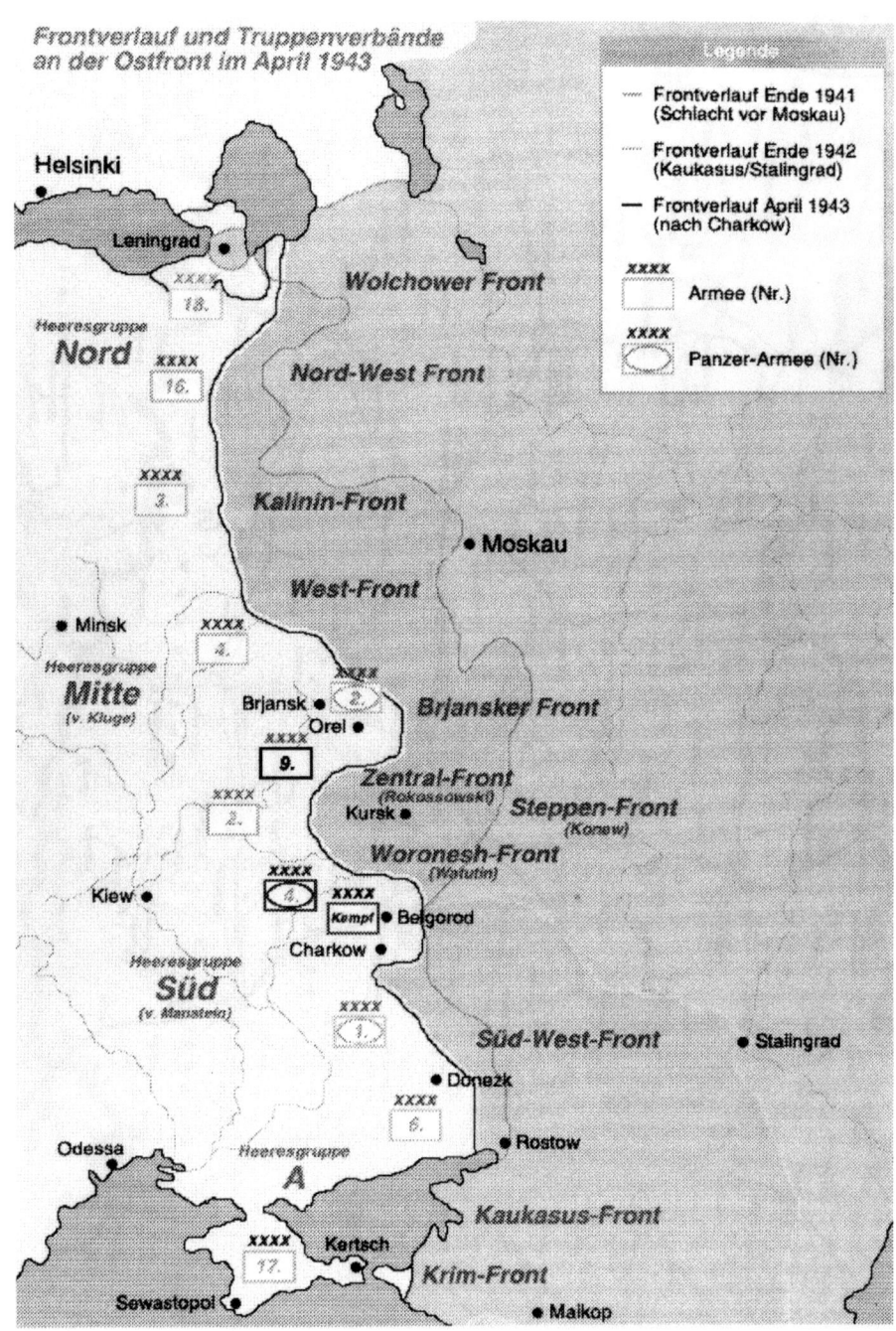

Frontverlauf und Truppenverbände an der Ostfront im April 1943

Landkarte: Von der Grenze Polens(Bug) bis Kiew(KYJIV)

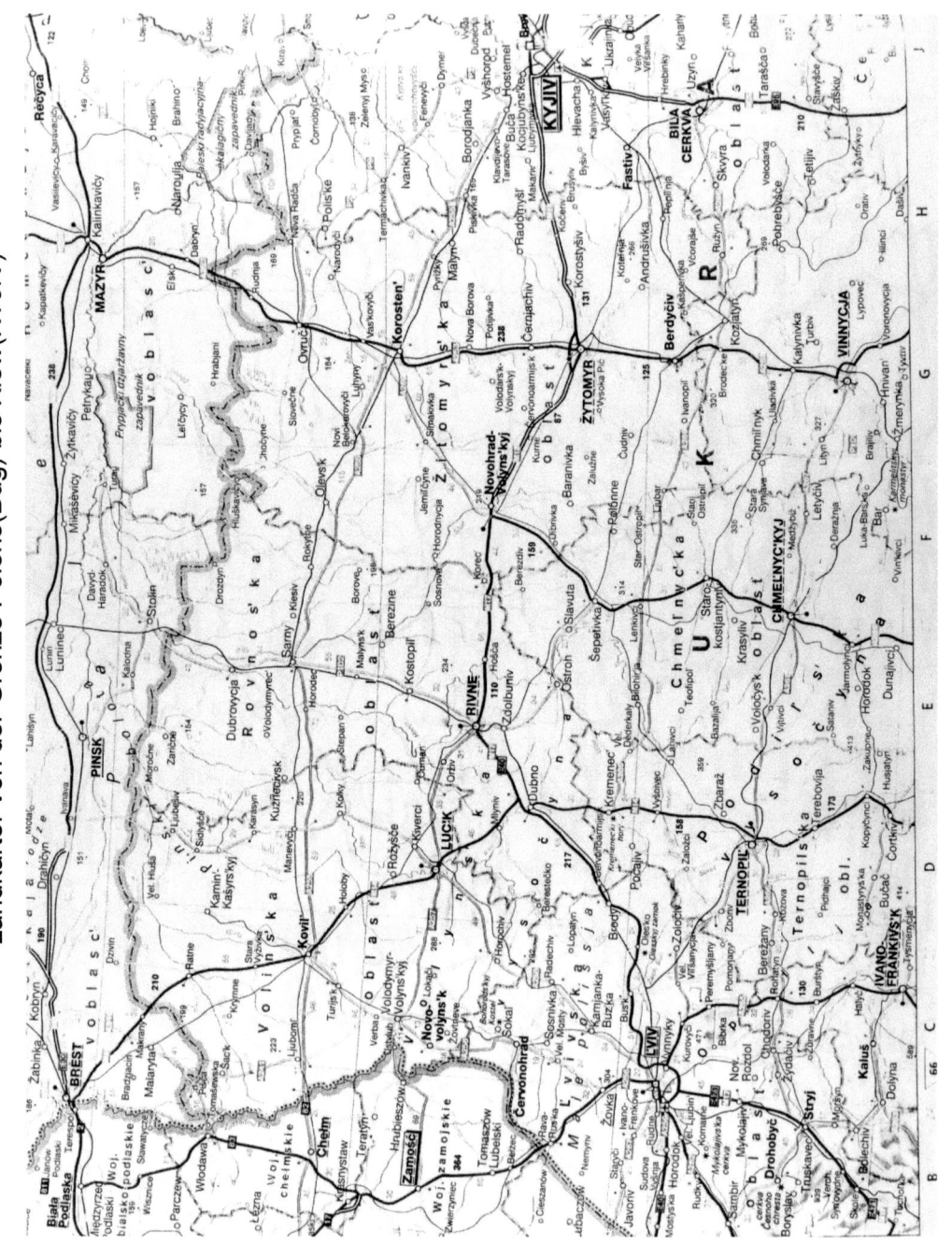

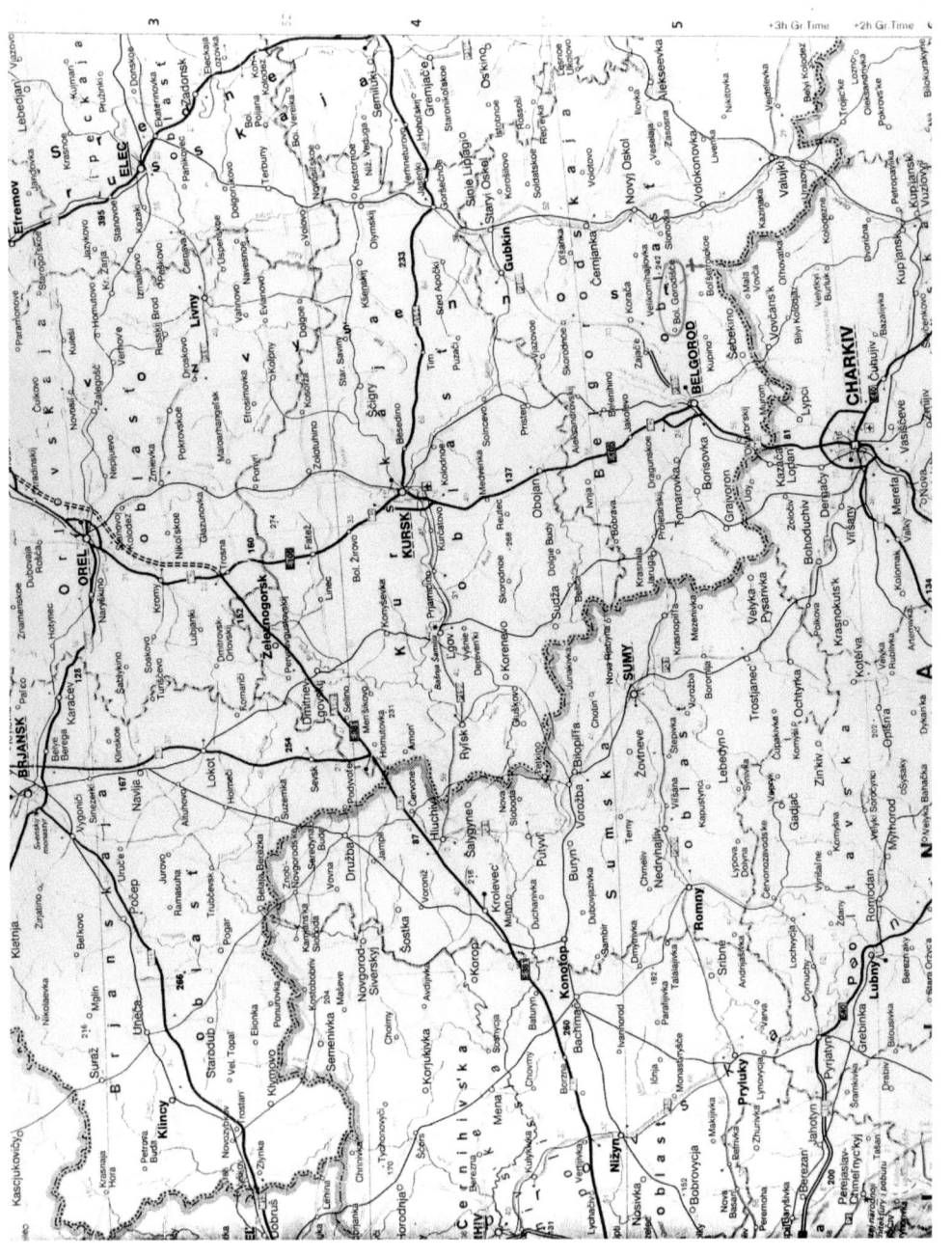

Landkarte: Von Kiew(KYJIV) bis Bereich Obojan, Belgorod, Charkov